物业管理必备的
业主委员会实务操作手册

一书解决物业管理中必须掌握的与业主大会和业主委员会相关的疑难问题

王占强 /著

| 76个典型的 | 76个精准的 | 76个系统的 |
| 真实案例 | 专家解答 | 相关规定 |

中国法制出版社
CHINA LEGAL PUBLISHING HOUSE

业主时代，你准备好了吗？

中共北京市委办公厅、北京市人民政府办公厅发布的《关于加强北京市物业管理工作提升物业服务水平三年行动计划（2020—2022年）》指出，通过三年，北京市要实现业主委员会（物业管理委员会）组建率、党的组织覆盖率、物业服务覆盖率均达到90%以上。

2022年4月，深圳市住房和建设局下发文件，要求推动符合条件的小区实现业主委员会应建尽建，用三年时间，完成全市住宅小区业主委员会全覆盖，到2024年底实现全市住宅小区业主委员会覆盖率100%。"实现业主委员会全覆盖"一夜之间成为当地热议的关键词。其实，还有更多的地方都在快速推进业主组织的建立和完善。有人惊呼，业主自治的时代到来了！

作为业主自治组织，业主大会、业主委员会是基层治理建设的核心一环，是实现民主监督、民主管理的关键主体，是业主群体表达诉求、群策群力的最佳平台，是提升业主群体获得感、幸福感、安全感的重要途径。作为国家治理的"微细胞""神经末梢"——基层治理的重要组成部分，一个成立合规、管理有序、运转透明的业主大会、业主委员会是推动"社区认同"走向"社会认同""国家认同",推动"基层善治"走向"大国之治"的重要力量。从这个层面上说,业主委员会在全国各地的大规模组建是一股顺应时代、国家发展趋势的浪潮,其席卷之势仍在加速。

业主委员会的组建、运行有章可循,在全国各地的物业管理条例、办法中均列有业主大会、业主委员会专章,规定了业主大会、业主委员会的成立条件、表决规则、备案流程等。很多地方还专门规定了业主大会和业主委员会指导规则、运行规则。然而,当业主凭借一腔热血投入参与业主委员会筹备、管理工作时,常常感受到丰满理想与骨感现实之间的割裂。物业项目历史遗留问题,物业公司、开发商、业主等各个主体的沟通协调问题,业主大会表决合法合规问题,业主委员会成员候选人资格问题……像是一座座横在业主委员会成立、运作进程中的大山。"折腾了大半年、一两年,最终还是放弃了……"成为许多业主的无可奈何。而带领广大业主走出业主大会成立、业主委员会选举、备案的困境即是本书的写作初衷。

本书是一本理论性、实操性兼具的指导手册,凝聚了笔者多年指导各地业主委员会成立、换届、运作(包括更换物业企业、决策公共收益等重大事项)的实践经验,囊括了那些业主大会、业主委员会和物业管理委员会成立运行过程中最为常见的疑难问题,同时涉及业主组织与业主、物业公司、开发商、政府主管部门等主体关系处理的技巧和思路。本书采用了场景再现的编写方式,目的在于带给读者沉浸式的阅读体验,带领读者以第一视角观察、思考、解决业主大会、业主委员会成立运作过程中的常见问题。同时，本书在编写过程中将实务案例和法条链接相结合，使读者通过对实务案例的分析更深入地了解法律法规条文的内涵，更清晰地把握法律法规条文在实际应用时的尺度。

工欲善其事，必先利其器。业主时代已然到来，读完这本书，你或许才真正地准备好了！

目 录
CONTENTS

一、业主与业主组织

1. 业主身份如何认定？/ 2
2. 什么是业主大会？/ 5
3. 什么是业主代表大会？/ 8
4. 什么是业主委员会？/ 12
5. 什么是物业管理委员会？/ 15

二、业主大会成立及业主委员会选举

6. 物业管理区域如何划分？/ 20
7. 小区客观上符合成立业主大会的条件，有关政府部门必须成立筹备组吗？/ 24
8. 筹备组组长应该由谁担任？/ 29

9. 筹备组组长的行为即为街道办事处的行为吗？ / 32

10. 物业公司代表可以参加筹备组吗？ / 36

11. 筹备组达不成一致意见，只有业主代表可否继续推进成立业主大会？ / 40

12. 筹备组应当在多长时间内完成筹备工作？ / 45

13. 业主大会筹备小组可以按户计算投票吗？ / 48

14. 业主未投反对票，可否视同赞成？ / 52

15. 幼儿园应当计入建筑物总面积吗？ / 56

16. 计算专有部分面积时应当扣除分摊面积吗？ / 59

17. 筹备成立业主大会时，初始登记面积可以作为建筑物总面积吗？ / 62

18. 首次业主大会会议可以采用"视为同意多数"表决规则吗？ / 66

19. 当选的业主委员会委员得票数是否均应"双过半"？ / 69

20. 公共服务中心有权取消业主委员会委员候选人资格吗？ / 73

三、业主委员会备案

21. 街道办事处对业主委员会无正当理由不予备案，可以起诉吗？ / 78

22. 当地镇政府认为业主委员会备案材料存在问题，可以不接收备案材料吗？ / 82

23. 镇政府对业主委员会备案申请应做形式审查还是实质审查？ / 85

24. 街道办事处可否依据管理规约、业主大会议事规则对业主委员会备案申请进行审查？ / 89

25. 业主对首次业主大会决议有效性提起民事诉讼的情况下，街道办事处可否先不予办理业主委员会备案手续？/93

26. 已完成业主委员会备案后，镇政府可否再撤销备案？/95

27. 业主委员会成员可以备案为双数吗？/99

四、业主大会会议与业主议事制度

28. 可以通过成立会务组的形式组织召开业主大会临时会议吗？/104

29. 召开业主大会，可以用短信、微信等互联网方式投票吗？/107

30. 产权车位面积应当计入建筑物专有部分面积吗？/111

31. 没有过半数的业主提出异议就代表过半数业主同意了吗？/116

32. 未投票的业主票权数能计入多数票吗？/119

33. 投票过程中存在虚假投票，将导致整个投票均无效吗？/123

34. 同一业主对同一事项先后作出不同意见，应以哪个意见为准？/126

35. 业主大会议题公示阶段未公示，该议题表决并通过后可否请求撤销？/129

36. 《业主大会议事规则》新示范文本发布后，小区原先通过的《业主大会议事规则》还有效吗？/133

37. 《业主大会议事规则》中在一定条件下限制业主投票权的有关规定违法吗？/136

38. 《业主大会议事规则》对业主委员会成员年龄进行限制违法吗？/139

五、业主委员会运行及业主共同决定事项

39. 个别成员不具备成员资格是否影响业主委员会组成的合法性？/144

40. 镇政府有权张贴公告停止业主委员会成员资格吗？/147

41. 什么情况下业主委员会成员资格终止？/151

42. 业主委员会会议最低需多少人参会？/155

43. 超过三分之一的成员反对，业主委员会就不能作出任何决议了吗？/159

44. 业主委员会任期届满后，可否继续履行职责？/162

45. 业主委员会成员辞职后，可否重新返岗工作？/167

46. 业主委员会任期届满，签订的合同效力如何？/170

47. 业主委员会公布业主个人信息，侵犯业主隐私权吗？/174

48. 解聘物业公司可以授权业主委员会行使吗？/179

49. 业主委员会未取得授权而签订的物业服务合同效力如何？/182

50. 业主个体可否提起确认物业服务合同无效之诉？/187

51. 开发商占用业主共有的车位，业主委员会能否要求开发商赔偿经济损失？/191

六、业主委员会成员易触发和应防范的犯罪

52. 业主委员会主任江某犯非国家工作人员受贿罪/196

53. 业主委员会主任梁某犯袭警罪/200

54. 业主委员会主任魏某犯隐匿会计凭证、会计账簿罪 / 204
55. 业主委员会主任胡某犯职务侵占罪 / 208
56. 业主委员会主任黑某犯挪用资金罪 / 212
57. 业主委员会主任荣某犯诽谤罪 / 216

七、政府监管

58. 有街道办事处全程指导设立的业主大会,就代表成立合法吗? / 222
59. 区管委会有义务向业主公开业主委员会备案资料吗? / 225
60. 街道办事处可以解散业主委员会吗? / 229
61. 业主申请撤销业主大会决议时该如何处理? / 234
62. 街道办事处督促业主委员会召开业主大会临时会议未果,可否直接组织开会? / 238
63. 街道办事处可因一定事由宣布业主委员会印章作废吗? / 242

八、争议与诉讼

64. 业主大会筹备组有行政诉讼主体资格吗? / 248
65. 法院可以依据《管理规约》作出判决吗? / 251
66. 业主可以起诉请求法院撤销业主委员会备案吗? / 254
67. 业主可以对政府关于组建业主大会筹备组的指导意见提起行政诉讼吗? / 257

5

68. 业主撤销权诉讼中，谁应承担业主大会决议合法的证明责任？/261

69. 有业主委员会主任的签字后可提起行政诉讼吗？/264

70. 街道办事处对业主委员会备案申请不予处理，若业主委员会不满，应在多长时间内起诉？/267

71. 业主委员会可以起诉业主，追缴拖欠的物业费吗？/271

72. 已被罢免的业主委员会还可以作为原告进行起诉吗？/275

73. 备案被撤销后，业主委员会还具有诉讼主体资格吗？/278

74. 业主委员会缺额超过一半时还能当被告吗？/281

75. 没有成立业主委员会，业主可以提起业主共有权纠纷相关诉讼吗？/285

76. 业主委员会可以对居民委员会有关行为提起行政诉讼吗？/289

一、业主与业主组织

本章提要： 本章主要了解业主、业主大会和业主委员会的基本概念。本书将业主大会和业主委员会统称为业主组织，进而介绍它们的职权和职责。

1. 业主身份如何认定？

场景

北京市某小区业主委员会组织召开 2021 年业主大会临时会议。其后，业主委员会公告业主大会临时会议决议，经 50% 以上业主人数及面积通过如下事项：（1）授权业主委员会处理与物业公司之间的纠纷；（2）授权业主委员会处理有关单位或个人侵犯小区业主利益的事宜。

开发商对上述决议内容不满，以业主身份向法院起诉业主委员会，请求撤销上述业主大会临时会议决议。经查，该开发商是小区的开发主体，该小区 6 号楼 1 单元 102 号房屋仍登记在其名下，规划行政主管部门备案图纸显示，该房屋用途为物业管理用房。业主委员会认为，开发商不是小区业主，不能提起业主撤销权诉讼。法院最终判决驳回了开发商的诉讼请求。

问题

开发商以其名下仍登记着一处物业管理用房而认为自己是该小区业主，该主张成立吗？

解析

开发商的该主张不成立。

一、房屋的所有权人是业主。当然，如果基于与建设单位之间的商品房买卖民事法律行为，在房屋买受人已经合法占有、使用专有部分但尚未依法办理所有权登记的情况下，该房屋买受人也可以认定为业主。也就是说，房屋所有权证上记载的权利人是业主，商品房买卖合同中的房屋买受人也是业主。

二、该小区6号楼1单元102号房屋的用途是物业管理用房，性质上属于共有部分建筑物，不属于专有部分。开发商对该房屋不享有所有权。

三、物业管理用房的所有权属于业主，开发商将来也不可能对6号楼1单元102号房屋办理转移登记。

法条链接

《最高人民法院关于审理建筑物区分所有权纠纷案件适用法律若干问题的解释》

第一条 依法登记取得或者依据民法典第二百二十九条至第二百三十一条规定取得建筑物专有部分所有权的人，应当认定为民法典第二编第六章所称的业主。

基于与建设单位之间的商品房买卖民事法律行为，已经合法占有建筑物专有部分，但尚未依法办理所有权登记的人，可以认定为民法典第二编第六章所称的业主。

《物业管理条例》

第六条第一款 房屋的所有权人为业主。

第三十条 建设单位应当按照规定在物业管理区域内配置必要的物业管理用房。

第三十七条 物业管理用房的所有权依法属于业主。未经业主大会同意，物业服务企业不得改变物业管理用房的用途。

经验分享

一些地方对业主的范围进行了相对明确的规定，如《北京市物业管理条例》第二十五条规定，房屋的所有权人为业主。

公房尚未出售的，产权单位是业主；已出售的，购房人是业主。

本条例所称业主还包括：

（一）尚未登记取得所有权，但是基于买卖、赠与、拆迁补偿等旨在转移所有权的行为已经合法占有建筑物专有部分的单位或者个人；

（二）因人民法院、仲裁机构的生效法律文书取得建筑物专有部分所有权的单位或者个人；

（三）因继承取得建筑物专有部分所有权的个人；

（四）因合法建造取得建筑物专有部分所有权的单位或者个人；

（五）其他符合法律法规规定的单位或者个人。

2. 什么是业主大会？

场景

最近小区里特别热闹，很多业主在忙忙碌碌地张罗着开会。张先生说："咱们小区要成立业主委员会了，都贴出会议通知了。"李女士说："准确点儿说，应该是要成立业主大会了，通过开会选举产生业主委员会。"张先生有点不解和不服，反问李女士："业主大会不就是一次会议吗？既然是会议，那就是要开，而不是成立吧！"李女士却摇了摇头。

问题

什么是业主大会？业主大会是一次会议吗？

解析

一、业主大会相当于全体业主议事的一个权力机构/决策机构，它是一个机构（非常设机构），而不是一次会议。业主大会履行职责采取召开会议的方式，一般不直接对外从事民事活动。

二、业主大会会议才是可以召开的会议，包括定期会议和临时会议。

三、业主可以设立业主大会。

四、业主大会的职责包括：制定和修改业主大会议事规则；制定和修改管理规约；选举业主委员会或者更换业主委员会委员；制定物业服务内容、标准以及物业服务收费方案；选聘和解聘物业服务企业；筹集和使用专项维修资金；改建、重建建筑物及其附属设施；改变共有部分的用途；利用共有部分进行经营以及所得收益的分配与使用；法律法规或者管理规约确定应由业主共同决定的事项。

法条链接

《中华人民共和国民法典》

第二百七十七条　业主可以设立业主大会，选举业主委员会。业主大会、业主委员会成立的具体条件和程序，依照法律、法规的规定。

地方人民政府有关部门、居民委员会应当对设立业主大会和选举业主委员会给予指导和协助。

《物业管理条例》

第八条　物业管理区域内全体业主组成业主大会。

业主大会应当代表和维护物业管理区域内全体业主在物业管理活动中的合法权益。

一、业主与业主组织

第九条第一款　一个物业管理区域成立一个业主大会。

第十三条第一款　业主大会会议分为定期会议和临时会议。

《业主大会和业主委员会指导规则》

第十七条　业主大会决定以下事项：

（一）制定和修改业主大会议事规则；

（二）制定和修改管理规约；

（三）选举业主委员会或者更换业主委员会委员；

（四）制定物业服务内容、标准以及物业服务收费方案；

（五）选聘和解聘物业服务企业；

（六）筹集和使用专项维修资金；

（七）改建、重建建筑物及其附属设施；

（八）改变共有部分的用途；

（九）利用共有部分进行经营以及所得收益的分配与使用；

（十）法律法规或者管理规约确定应由业主共同决定的事项。

经验分享

实践中，有人将业主大会和业主大会会议相混淆。笔者认为，为准确理解起见，应当严格区分清楚。业主大会≠业主大会会议，可以说成立业主大会或设立业主大会，而不能说召开业主大会。

3. 什么是业主代表大会？

场景

2020年12月18日，江苏省苏州市某小区筹备组经公告通知召开了首次业主代表大会，会议通过了管理规约及议事规则；选举产生了业主委员会委员及候补委员。同年12月26日，第三人向相城区住房和城乡建设局提交备案申请表，并提供了相关备案申请材料，包含小区业主委员会名单、委员与候补委员居民身份证及不动产权证书、小区业主（代表）大会议事规则（修改版）、小区管理规约（修改版）、小区首次业主代表大会会议记录、关于召开小区首届业主代表大会的通知及公告、关于小区业主（代表）大会会议决定、业主委员会组成人员选举结果等事项的公告。相城区住房和城乡建设局经审核后于2020年12月30日对小区业主委员会予以备案，业主委员会任期三年。

经查证议事规则、业主代表签到表、业主代表名单公告，小区业主代表大会应到代表31人（高层住宅产生16人，多层住宅产生8人，商业用房产生7人），实到代表25人。

业主王某认为，业主委员会成员由业主代表大会而非业主大会选举产生不合法。法院认为，根据《江苏省物业管理条例》规定，业主户数超过三百户的，可以成立业主代表大会，履行业主大会的

一、业主与业主组织

职责,且业主代表大会到会人数符合《苏州市住宅区物业管理条例》的规定。因此,法院认定业主委员会成员由业主代表大会选举产生合法。

问题

什么是业主代表大会?它能够行使选举产生业主委员会的职责吗?

解析

业主代表大会可见于江苏省等地的立法规定中,从全国的立法情况来看,属于比较少见的情况。多数地方仅规定和承认业主大会,而未规定或承认业主代表大会。

一、本案中,按照《江苏省物业管理条例》和《苏州市住宅区物业管理条例》的相关规定,业主代表大会实际上也具有小区权力机构的性质,可以行使选举业主委员会的职责。

二、笔者认为,业主代表大会未规定在《物业管理条例》中,在2021年1月1日起施行的《中华人民共和国民法典》中也没有规定。关于业主大会的职权有明确界定,《中华人民共和国民法典》中规定事关全体业主利益的事项由业主共同决定。因此,将本应由业主大会行使的权利赋予业主代表大会行使确实有待商榷。

法条链接

《中华人民共和国民法典》

第二百七十八条 下列事项由业主共同决定：

（一）制定和修改业主大会议事规则；

（二）制定和修改管理规约；

（三）选举业主委员会或者更换业主委员会成员；

（四）选聘和解聘物业服务企业或者其他管理人；

（五）使用建筑物及其附属设施的维修资金；

（六）筹集建筑物及其附属设施的维修资金；

（七）改建、重建建筑物及其附属设施；

（八）改变共有部分的用途或者利用共有部分从事经营活动；

（九）有关共有和共同管理权利的其他重大事项。

业主共同决定事项，应当由专有部分面积占比三分之二以上的业主且人数占比三分之二以上的业主参与表决。决定前款第六项至第八项规定的事项，应当经参与表决专有部分面积四分之三以上的业主且参与表决人数四分之三以上的业主同意。决定前款其他事项，应当经参与表决专有部分面积过半数的业主且参与表决人数过半数的业主同意。

《江苏省物业管理条例》

第十二条 业主户数超过三百户的，可以成立业主代表大会，履行业主大会的职责。

一、业主与业主组织

《苏州市住宅区物业管理条例》

第十一条 业主代表大会由业主按照比例推选的代表组成,业主代表一般不少于三十人,业主代表可以按幢或者结合实际情况推选。

业主代表在参加业主代表大会前,应当就业主代表大会会议拟讨论的事项书面征求所代表的业主的意见;凡需全体业主共同决定的事项,业主的赞同、反对及弃权的意见经本人签字后,由业主代表提交业主代表大会会议。

《业主大会和业主委员会指导规则》

第二十七条 物业管理区域内业主人数较多的,可以幢、单元、楼层为单位,推选一名业主代表参加业主大会会议,推选及表决办法应当在业主大会议事规则中规定。

经验分享

业主代表大会的形式固然能够提高开会的效率,但是在事关全体业主重大利益的问题上绝不可忽视对业主实体权利的保障。

4. 什么是业主委员会?

场景

某小区业主大会成立了，也选举出了业主委员会。物业公司的管理层在业主开始张罗成立业主大会时就千方百计地试图阻挠，认为这将是对物业公司的巨大威胁。现在业主委员会也选出来了，这下物业管理处的工作人员可炸锅了，议论纷纷："将来就是业主委员会的天下了！""那可不，业主委员会说让物业走，你就得走。""有什么办法能让业主委员会撤销或无效吗？"凡此种种，不一而足。

问题

什么是业主委员会？它与业主大会是什么关系？

解析

一、业主委员会由业主大会会议选举产生，业主委员会是业主大会的执行机构。

二、业主委员会的职责包括：召集业主大会会议，报告物业管理的实施情况；代表业主与业主大会选聘的物业服务企业签订物业服务合同；及时了解业主、物业使用人的意见和建议，监督和协助物业服务企业履行物业服务合同；监督管理规约的实施；业主大会赋予的其他职责。

法条链接

《中华人民共和国民法典》

第二百七十七条 业主可以设立业主大会，选举业主委员会。业主大会、业主委员会成立的具体条件和程序，依照法律、法规的规定。

地方人民政府有关部门、居民委员会应当对设立业主大会和选举业主委员会给予指导和协助。

《物业管理条例》

第十五条 业主委员会执行业主大会的决定事项，履行下列职责：

（一）召集业主大会会议，报告物业管理的实施情况；

（二）代表业主与业主大会选聘的物业服务企业签订物业服务合同；

（三）及时了解业主、物业使用人的意见和建议，监督和协助物业服务企业履行物业服务合同；

（四）监督管理规约的实施；

（五）业主大会赋予的其他职责。

《业主大会和业主委员会指导规则》

第三十五条 业主委员会履行以下职责：

（一）执行业主大会的决定和决议；

（二）召集业主大会会议，报告物业管理实施情况；

（三）与业主大会选聘的物业服务企业签订物业服务合同；

（四）及时了解业主、物业使用人的意见和建议，监督和协助物业服务企业履行物业服务合同；

（五）监督管理规约的实施；

（六）督促业主交纳物业服务费及其他相关费用；

（七）组织和监督专项维修资金的筹集和使用；

（八）调解业主之间因物业使用、维护和管理产生的纠纷；

（九）业主大会赋予的其他职责。

经验分享

业主委员会并非万能的，物业公司也不应视业主委员会为势不两立的敌人。就选聘、解聘物业公司而言，业主委员会并无独立的职权。

业主委员会应当执行业主大会的决定，接受业主的监督。

5. 什么是物业管理委员会？

🔷 **场景**

　　江苏省南京市浦口区某物业公司周一的例会上，大家分析研讨物业公司日前收到的一个函件。这个函件是小区物业管理委员会于2021年12月24日向物业公司发出的解聘通知，载明：2021年6月小区20%以上业主联名要求解聘贵公司。我委于2021年12月8日至14日在小区召开业主大会。经业主大会表决，占总户数70.76%、总面积72.48%的业主同意解聘物业公司，本次业主大会决议符合《物业管理条例》规定的要求。按照本次业主大会的决议，我委决定解除与贵公司的事实物业服务，请贵公司立即停止收缴小区2022年物业费、停车费等任何费用。

　　物业公司小张说："有业主大会，有业主委员会，物业管理委员会算是什么组织呢？这个委员会没有业主大会和业主委员会那样的权力吧！"客服部小刘说："咱们小区在去年确实成立了这么一个委员会，当时贴了通知，听说还在政府登记了。但是它到底有多大权力，说不好。"经查，该小区物业管理委员会的实际成立时间为2020年7月6日，已履行了备案手续。

物业管理必备的业主委员会实务操作手册

问题

什么是物业管理委员会？它与业主大会、业主委员会是什么关系？它可以向物业公司发出解聘通知并产生效力吗？

解析

一、物业管理委员会是一种特殊的业主组织，在江苏省、北京市等地对该组织有明确规定。

二、按照江苏省的相关规定，物业管理委员会主要是针对不具备成立业主大会条件，或者具备成立条件但未成立业主大会的住宅小区而成立的业主组织，可以代行业主大会和业主委员会职责。

三、在业主依法共同决定解聘物业公司的情况下，物业管理委员会可以向物业公司发出解聘通知，并要求物业公司退出物业管理。本案中，已经双过半业主（总户数70.76%、总面积72.48%）同意解聘物业公司，所以物业管理委员会有权向物业公司发出《解聘通知》，并产生解除物业服务合同的效力。

法条链接

《江苏省物业管理条例》

第二十七条 不具备成立业主大会条件，或者具备成立条件但未成立业主大会的住宅小区,经物业所在地的县(市、区)物业管理行政主管部门或者街道办事处(乡镇人民政府)指导后仍不能成立的,可以由街道办事处(乡镇人民政府)、社区居(村)民委员会、社区服务机构、建设单位、业主代表等组成所在物业管理区域内的物业管理委员会,代行业主大会和业主委员会职责。

物业管理委员会的人员组成,应当在所在物业管理区域内显著位置公示。

经验分享

一、可以说,物业管理委员会是为推动业主组织成立的一种有效措施,也可以说是一种"无奈之举"。

二、除了江苏省,北京市也在《北京市物业管理条例》《北京市物业管理委员会组建办法》中规定了物业管理委员会制度,将物业管理委员会定位为一种临时机构,任期为3年,具有推动符合条件的物业管理区域成立业主大会、选举产生业主委员会的职责。

二、业主大会成立及业主委员会选举

本章提要： 本章主要介绍业主大会成立、业主委员会选举过程中遇到的典型案例和问题。从筹备组成立、筹备组组成、筹备组业主代表的产生，到业主大会议事规则、管理规约的制定，再到业主委员会成员候选人的产生，以及首次业主大会会议的召开等。

6. 物业管理区域如何划分？

场景

2021年10月12日，黑龙江省哈尔滨市某小区业主大会筹备组成立，所在的街道办事处作出《小区业主大会筹备组成员公告》，将筹备组11名成员信息进行了公告。2021年10月19日，街道办事处将小区业主委员会筹备组专用章在小区进行了公告。其后，经过一系列筹备、开会等相关工作，业主大会得以成立。2022年6月7日，街道办事处为业主委员会备案。2022年6月16日，城市建设管理局为业主委员会备案。

业主鲍某认为，街道办事处、城市建设管理局在该小区成立业主大会并选举产生业主委员会时，未尽到指导义务。在收到业主委员会备案表时，也未对该小区成立业主大会时存在的违法行为尽到适度审查的义务，对物业管理区域划分存在认定事实不清，对业主委员会予以备案的主要证据不足：《全体业主名册》中共有920名业主，地址记载分别为3栋至12栋。而业主委员会在备案时填写的《业主委员会成立备案表》中记载的业主总人数为922名，小区业主大会的成立未包含1栋与2栋的业主。虽然1栋与2栋归属南岗区，3栋至12栋归属香坊区，但小区12栋楼共用一套水、电等设施设备，各栋楼也均在同一院内，应该成立一个统一的业主大会。

二、业主大会成立及业主委员会选举

🔍 问题

物业管理区域如何划分?本小区的12栋楼应当划分为一个物业管理区域、成立一个业主大会吗?

✏ 解析

一、一个物业管理区域成立一个业主大会。如果这12栋楼在一个物业管理区域,那么这12栋楼就应当统一成立一个业主大会,而不应将1栋与2栋排除在外。

二、根据《物业管理条例》,物业管理区域的划分应当考虑物业的共用设施设备、建筑物规模、社区建设等因素。根据《哈尔滨市物业管理条例》,物业管理区域的划分,以建设用地规划许可证确定的用地范围为基础,并考虑物业的共用设施设备、建筑物规模、社区建设等因素划定。分期开发建设或者由两个以上单位共同开发建设的项目,其设置的附属设施设备是共用的,应当划分为一个物业管理区域。可见,物业管理区域划分非常重视物业的共用设施设备因素,附属设施设备是共用的,则应当划分为一个物业管理区域。因此,虽然1栋与2栋归属南岗区,3栋至12栋归属香坊区,但该小区12栋楼共用一套水、电等设施设备,各栋楼也均在同一院内,所以该小区在物业管理区域划分上应为同一物业管理区域。

21

法条链接

《物业管理条例》

第九条 一个物业管理区域成立一个业主大会。

物业管理区域的划分应当考虑物业的共用设施设备、建筑物规模、社区建设等因素。具体办法由省、自治区、直辖市制定。

《业主大会和业主委员会指导规则》

第七条 业主大会根据物业管理区域的划分成立,一个物业管理区域成立一个业主大会。

只有一个业主的,或者业主人数较少且经全体业主同意,不成立业主大会的,由业主共同履行业主大会、业主委员会职责。

《哈尔滨市物业管理条例》

第二十一条 物业管理区域的划分,以建设用地规划许可证确定的用地范围为基础,并考虑物业的共用设施设备、建筑物规模、社区建设等因素划定。

已经建成交付使用、自然形成独立物业管理区域且无争议的,不再按照本条前款规定重新划分。

第二十二条 分期开发建设或者由两个以上单位共同开发建设的项目,其设置的附属设施设备是共用的,应当划分为一个物业管理区域。但建设项目内已按规划分割成两个以上自然院落或者封闭区域,配套设施设备能够分割并独立使用,在明确配套设施设备管理、维护责任的情况下,可以划分为不同的物业管理区域。

二、业主大会成立及业主委员会选举

第二十三条 建设单位在申请办理商品房预售许可证或者商品房现售备案前，应当持建设用地规划许可证和建设项目规划设计图纸，向区、县（市）物业行政主管部门提出划分物业管理区域的书面申请。

区、县（市）物业行政主管部门应当自受理申请之日起十五日内，在征求街道办事处、乡（镇）人民政府的意见后进行划分，并告知建设单位。

经验分享

一、有人认为分期开发的项目可以分别成立业主大会，实则不然，分期开发的各期项目如果设施设备共用，仍应算为一个物业管理区域，成立一个业主大会。

二、有的地方对于新建物业管理区域的划分、调整都有比较详细的规定，有章可循。部分地方对此并未作出细化规定，由监管部门按照《物业管理条例》和《业主大会和业主委员会指导规则》关于物业管理区域划分的基本原则进行判定，协调处理相关矛盾纠纷。

7. 小区客观上符合成立业主大会的条件，有关政府部门必须成立筹备组吗？

场景

山东省烟台市莱山区某小区业主纪某认为，属地街道办事处应以法律授权主动展开工作，但其在六年的时间里未依职权主动向小区建设单位和前期物业服务企业督促催要业主入住情况，或积极通过供电、供水、供暖等单位对小区的业主入住情况进行了解掌握，判断其是否符合召开首次业主大会会议的条件，主观上放弃了法律赋予其的职责，并对建设单位和前期物业服务企业作为义务人怠于履行将入住情况报告给街道办事处义务的行为予以放任，理应构成行政不作为。后经前期物业服务企业核实，该小区已交付的业主人数的比例已超过50%。

纪某将街道办事处诉至法院。原告纪某称其向被告口头提出成立业主大会筹备组的申请，被告对此不予认可，原告亦未提交证据证明其向被告提出组建筹备组的申请。法院认为，被告履行组建筹备组法定职责的前提是建设单位或者前期物业服务企业将业主入住情况及时报告给被告，或业主提出申请。最终，法院判决驳回了纪某的诉讼请求。

问题

本案中，小区符合成立业主大会的条件，街道办事处必须成立筹备组吗？

解析

一、从本质上说，组建筹备组、成立业主大会要看业主的意愿，而非有关政府部门的意愿。如果达到法定比例的业主有这个意愿，街道办事处当然有指导、协助的法定职责。但是，该法定职责并非依职权主动履行，而是依申请的行政行为。

二、本案中，该小区已交付的业主人数的比例已超过50%，按照《山东省物业管理条例》的有关规定，已经符合召开首次业主大会会议、组建业主大会筹备组的条件。按规定，建设单位或者前期物业服务企业应当将业主入住情况及时报告物业主管部门和街道办事处、乡镇人民政府。当然，此时业主也可提出申请。符合首次业主大会会议召开条件的，街道办事处、乡镇人民政府应当在三十日内组建业主大会筹备组。

三、在建设单位或者前期物业服务企业未将业主入住情况报告给街道办事处以及业主亦未提出书面申请的情况下，不能认定街道办事处不作为或不履行法定职责。

法条链接

《中华人民共和国民法典》

第二百七十七条 业主可以设立业主大会，选举业主委员会。业主大会、业主委员会成立的具体条件和程序，依照法律、法规的规定。

地方人民政府有关部门、居民委员会应当对设立业主大会和选举业主委员会给予指导和协助。

《物业管理条例》

第十条 同一个物业管理区域内的业主，应当在物业所在地的区、县人民政府房地产行政主管部门或者街道办事处、乡镇人民政府的指导下成立业主大会，并选举产生业主委员会。但是，只有一个业主的，或者业主人数较少且经全体业主一致同意，决定不成立业主大会的，由业主共同履行业主大会、业主委员会职责。

《山东省物业管理条例》

第二十条 房屋的所有权人为业主。

建设单位或者前期物业服务人应当将业主入住情况及时报告物业主管部门和街道办事处、乡镇人民政府。

符合下列条件之一的，应当召开首次业主大会会议：

（一）已交付的业主专有部分面积的比例达到百分之五十以上；

（二）已交付的业主人数的比例达到百分之五十以上；

（三）向首位业主交付满两年且已交付的业主人数的比例达到

百分之二十五以上。

第二十一条 符合首次业主大会会议召开条件的，街道办事处、乡镇人民政府应当在六十日内组建业主大会筹备组。

筹备组由七人以上单数组成，可以由建设单位、前期物业服务人、业主和街道办事处、乡镇人民政府、社区居民委员会等派员组成，其中业主所占比例不得低于筹备组总人数的二分之一。

筹备组应当自成立之日起十日内，将其成员名单和工作职责在物业服务区域内进行书面公告。

《业主大会和业主委员会指导规则》

第九条 符合成立业主大会条件的，区、县房地产行政主管部门或者街道办事处、乡镇人民政府应当在收到业主提出筹备业主大会书面申请后60日内，负责组织、指导成立首次业主大会会议筹备组。

《中华人民共和国行政诉讼法》

第三十八条第一款 在起诉被告不履行法定职责的案件中，原告应当提供其向被告提出申请的证据。但有下列情形之一的除外：

（一）被告应当依职权主动履行法定职责的；

（二）原告因正当理由不能提供证据的。

经验分享

一、不论是业主还是有关政府部门，都应尽量通过书面方式提出申请或做出答复,以便可能作为证据。

二、对于依申请行政行为,何种条件下可以认定有关行政主体不作为或不履行法定职责?一是行政主体有相应职权,二是行政相对人已经提出申请,三是行政主体对行政相对人的申请"不闻不问"或"不做处理"。作为行政相对人,首先要证明其已向行政主体提出履行法定职责的申请或要求。

8. 筹备组组长应该由谁担任？

场景

2020年9月15日，广西桂林市某小区的部分业主以业主委员会筹备组的名义在小区张贴《成立业主委员会倡议书》，并在小区发出筹备公告。2020年11月10日，小区部分业主代表向社区提交了一份申请，认为该小区入住率已达到80%以上，申请成立业主委员会筹备组、完成业主委员会的选举工作。社区居民委员会、街道办事处、区土地房产工作局在申请书上签名，同意该小区成立业主委员会。2021年1月19日，业主委员会筹备组在该小区张贴《关于小区召开首届业主大会的通知》。筹备组组长由业主陈某担任，其工作单位为桂林某有限公司，并非街道办事处人员。2021年1月21日，小区召开首届业主大会，业主大会召开期间，筹备组共发放选票1101张，此次选举结果为：廖某为主任，刘某、胡某为副主任，陈某、王某等6人为委员。2021年2月10日，小区业主委员会向区土地房产工作局提交备案申请书，同日区土地房产工作局作出《关于对桂林市某小区成立首届业主委员会申请备案的答复》对此予以备案。

有业主对此提出异议，认为区土地房产工作局对业主委员会予以备案错误。具体表现在：首次业主大会筹备组组成不合法。筹备组组长是业主陈某，不是街道办事处或者乡镇人民政府的在职在编

29

人员。

问题

业主大会筹备组组长应当由谁担任？

解析

一、本案中，按照《广西壮族自治区物业管理条例》的有关规定，筹备组组长由街道办事处或者乡镇人民政府的在职在编人员担任。

二、业主委员会筹备组在该小区张贴《关于小区召开首届业主大会的通知》。筹备组组长由业主陈某担任，其工作单位为桂林某有限公司，并非街道办事处或者乡镇人民政府的在职在编人员，违反了上述规定。

三、因筹备组组长人员选任错误，不符合有关规定，可以认定业主委员会选举程序违反规定，应当不予备案。区土地房产工作局予以备案是错误的。

法条链接

《广西壮族自治区物业管理条例》

第十七条第二款 筹备组由业主代表若干名、建设单位代表一名、街道办事处或者乡镇人民政府代表一名、社区或者村党组织代表一名、辖区公安派出所代表一名以及居（村）民委员会代表一名组成，其中业主代表所占比例不得低于筹备组总人数的二分之一。筹备组组长由街道办事处或者乡镇人民政府的在职在编人员担任。

经验分享

一、筹备组组长到底可以由谁担任，并不是一成不变的，关键要看当地的相关政策。就上述案例来说，根据《广西壮族自治区物业管理条例》规定，筹备组组长由街道办事处或者乡镇人民政府的在职在编人员担任。

二、在有些地方，筹备组组长由乡镇人民政府或者街道办事处代表担任，居委会、村委会工作人员或业主也可以担任，甚或律师等专业人员，只要是经过一定程序指定，均可担任。

9.筹备组组长的行为即为街道办事处的行为吗？

场景

2020年11月28日，北京市某小区业主申请成立业主大会。2021年3月30日，街道办事处指定王某担任小区首次业主大会会议筹备组组长并进行了公示。

2021年4月14日，王某签发《关于组建首次业主大会会议筹备组的通知》，公示业主大会筹备组的报名条件。2021年5月24日，王某签发《关于采取联名推荐方式推选首次业主大会会议筹备组业主代表的通知》，称因报名业主过多，采取以推荐的方式确定筹备组业主代表，并明确一经当选筹备组成员，即自愿放弃竞选业主委员会成员资格。

2021年5月25日，部分业主向街道办事处提交《关于小区业主要求街道办事处纠正筹备组组长王某下发通知中违法点的函》，指出王某的行为存在多处不当，要求街道办事处予以纠正。另一部分业主则致信街道办事处支持筹备组组长的工作。2021年6月14日，针对上述信函，街道办事处组织召开会议，征询部分业主的意见。街道办事处根据上述意见向筹备组组长指出问题，后筹备组组长取消了关于当选筹备组成员后自愿放弃竞选业主委员会成员资格的规定。

二、业主大会成立及业主委员会选举

另查,王某于2021年7月31日签发《小区业主大会筹备组投票推举的通知》。

夏某等多位业主认为,筹备组组长的行为是代表街道办事处作出的,其行为即街道办事处的行为。夏某等人于2020年11月28日向街道办事处提出成立业主大会的申请,街道办事处应于接到申请之日起60日内成立筹备组,而街道办事处于2021年3月30日才指定筹备组组长,已超出履责期限,且至今筹备组未成立。业主诉请:确认街道办事处未依法组织成立小区业主大会筹备组的行为违法;责令街道办事处依法履行职责,限期组织成立小区业主大会筹备组;责令街道办事处依法履行指导、监督职责,对筹备组组长的违法行为进行纠正。

问题

筹备组组长的行为能等同于街道办事处的行为吗?

解析

一、筹备组组长的行为不等于街道办事处的行为。虽然筹备组组长系由街道办事处指定,但筹备组组长在组织成立筹备组的过程中具有独立性,独立履行职责,"筹备组组长的行为即为街道办事处的行为"的说法是错误的。

二、街道办事处对业主大会成立履行协助、指导、监督职责。在业主大会筹备过程中，如果发生争议和纠纷，包括本案中小区部分业主对筹备组组长发布的业主代表组成等问题提出异议，街道办事处应当积极履责，给予必要的指导。

三、本案因筹备组业主代表的产生方式发生分歧而引发。部分业主不认可筹备组组长公示的报名条件以及筹备组业主代表推选方式，认为筹备组组长行为不当，要求街道办事处对筹备组组长的行为予以纠正或更换筹备组组长。而另一部分业主则致信街道办事处支持筹备组组长的工作，不同意前述部分业主的意见。在此过程中，街道办事处组织部分业主召开答复工作会，针对持有异议的业主提出的问题予以答复，并向筹备组组长指出其签发文件中存在的问题，派员参加筹备组成立推进会。筹备组组长继续组织成立筹备组，公示已报名筹备组业主名单，签发《小区业主大会筹备组投票推举的通知》，采纳了街道办事处的意见，对此前业主代表报名条件中的不恰当内容进行了调整。可见，街道办事处尽到了协助、指导和监督的职责。

四、根据本案发生时间（2020—2021年）的有关规定，"街道办事处、乡镇人民政府应当自接到成立业主大会申请之日起60日内，指定首次业主大会会议筹备组组长"，街道办事处存在未在法定时间内指定筹备组组长的问题。

二、业主大会成立及业主委员会选举

法条链接

《北京市住宅区业主大会和业主委员会指导规则》

第十一条第一款 街道办事处、乡镇人民政府应当自接到成立业主大会申请之日起60日内,指定首次业主大会会议筹备组组长,组织建设单位、业主代表成立首次业主大会会议筹备组。

经验分享

一、筹备组组长虽然由街道办事处或者乡镇人民政府指定,但不能认为筹备组组长的行为就是街道办事处或者乡镇人民政府的行为,他们各有不同的职责权限。

二、筹备组组长在筹备过程中出现不当行为,街道办事处或者乡镇人民政府应当给予指导、监督。

10. 物业公司代表可以参加筹备组吗？

场景

某物业公司系山东省济南市某小区前期物业管理企业。2021年12月5日，小区向当地街道办事处、社区居民委员会提出筹备设立业主大会的申请书，2021年12月17日，社区居民委员会向小区业主发出了关于成立业主代表大会筹备组的公告，但未邀请前期物业管理企业参与筹备组。2022年10月，小区经选举产生了业主委员会，2022年11月7日，小区业主委员会向街道办事处、房屋管理服务中心申请业主委员会成立备案，2022年11月8日，街道办事处、房屋管理服务中心对小区业主委员会进行了备案。

物业公司认为，街道办事处、房屋管理服务中心的备案行为侵犯了其合法权益，遂诉至法院，请求判决两被告对第三人的备案登记行为违法，申请撤销两被告对第三人的备案证明、登记。法院认为，前期物业服务企业的权利与义务由房地产开发企业与前期物业服务企业签订的《前期物业管理服务合同》规定，业主委员会的成立是为了更好地代表业主行使权利，并不会对原告的权利义务产生实质性影响。原告要求撤销被告街道办事处、房屋管理服务中心对小区业主委员会的备案行为无事实和法律依据。法院判决如下：一、确认被告街道办事处对小区业主委员会的备案行为程序违法；

二、业主大会成立及业主委员会选举

二、驳回原告物业公司要求撤销被告街道办事处、房屋管理服务中心对小区业主委员会的备案行为的诉讼请求。

问题

物业公司可以参加筹备组吗？本案中，物业公司的诉讼请求应该得到支持吗？

解析

本案中，物业公司可以参加业主大会筹备组，物业公司的诉讼请求应该得到支持。

一、按照《山东省物业管理条例》有关规定，筹备组由七人以上单数组成，可以由包括前期物业服务人在内的人员组成。

二、在业主大会成立过程中，街道办事处未邀请本案原告即小区前期物业服务企业参与筹备组，侵犯了物业公司的参与权和知情权，可以认定业主大会和业主委员会的成立程序存在瑕疵。街道办事处在业主委员会备案过程中，亦未尽到审慎审查义务。

三、由上可见，街道办事处在指导业主大会成立以及办理业主委员会备案过程中存在程序违法，应当撤销对小区业主委员会的备案。

法条链接

《山东省物业管理条例》

第二十一条 符合首次业主大会会议召开条件的,街道办事处、乡镇人民政府应当在六十日内组建业主大会筹备组。

筹备组由七人以上单数组成,可以由建设单位、前期物业服务人、业主和街道办事处、乡镇人民政府、社区居民委员会等派员组成,其中业主所占比例不得低于筹备组总人数的二分之一。

筹备组应当自成立之日起十日内,将其成员名单和工作职责在物业服务区域内进行书面公告。

第三十一条 业主委员会应当自选举产生之日起三十日内,持下列资料向物业主管部门和街道办事处、乡镇人民政府备案:

(一)业主大会会议决议;

(二)业主大会议事规则;

(三)管理规约;

(四)业主委员会成员名单和基本情况;

(五)法律、法规规定的其他资料。

物业主管部门应当自收到前款规定资料之日起十日内,对符合条件的发给业主委员会备案证明,并出具业主委员会刻制印章证明。业主委员会应当依法刻制、使用、管理印章和开立账户。

业主大会议事规则、管理规约、业主委员会成员发生变更的,业主委员会应当自变更之日起三十日内书面告知物业主管部门和街道办事处、乡镇人民政府。

经验分享

一、筹备组的组成在各地有着不尽相同的规定，有的时候也可以说差别很大。山东省规定，筹备组可以由建设单位、前期物业服务人、业主和街道办事处、乡镇人民政府、社区居民委员会等派员组成。有些地方就没有规定物业公司可以参加筹备组。还有些地方规定，不仅物业公司不能参加筹备组，街道办事处、乡镇人民政府、社区居民委员会也不能参加筹备组。

二、有一点值得注意，不管上述有关筹备组组成的规定有多大差别，一定都规定了业主应当参加，而且对业主代表的占比会有明确规定，如"业主所占比例不得低于筹备组总人数的二分之一"等。所以，业主大会筹备组必须得有业主的参与。

三、建设单位、物业公司是否必须参与筹备组呢？包括那些规定了建设单位、物业公司可以参与筹备组，但没有硬性规定其组成比例的地方，业主大会筹备组也不是必须有他们参加才可以。如果街道办事处等部门已经通知了这些单位，但是这些单位明确拒绝或者放弃参与，那么筹备工作仍然可以继续往下进行。

四、如在山东等地，作为组织成立业主大会筹备组的政府部门，不能忽视程序正义，要通过有效的方式告知建设单位、物业公司参加筹备组。

11. 筹备组达不成一致意见，只有业主代表可否继续推进成立业主大会？

场景

河南省郑州市某小区业主向区住房保障服务中心提交成立业主委员会的申请。2020 年 12 月 8 日，社区居委会在小区张贴了成立业主大会筹备组的公告，并公布了筹备组成员的名单。2020 年 12 月 28 日，筹备组公告将于 2021 年 1 月 23 日 10 时在小区院内召开首次业主大会会议并公告了大会议题，后筹备组组长周某于 2021 年 1 月 20 日以筹备组的名义发布大会延期召开的公告。筹备组没有按公告所定时间召开会议，但筹备组就何时再次召开首次业主大会一直未形成一致意见。2021 年 1 月 20 日，社区发布首次业主大会延期召开公告。

随后筹备组业主代表（包括七原告/上诉人，且超过筹备组总人数的一半）决定于 2021 年 3 月 6 日召开第一次业主大会，并向区住房保障服务中心、社区、建设单位等送出邀请函。2021 年 3 月 6 日，筹备组业主代表成员参加并组织召开了第一次业主大会，大会表决通过了《业主大会议事规则》《业主管理规约》，并选举产生了业主委员会成员。2021 年 3 月 16 日，业主委员会代表持业主委员会备案材料到区住房保障服务中心备案，区住房保障服务中心不予备案。范某等七名业主代表不服,起诉至法院,请求判决区住房保障服务中心履行业主委员会备案义务。

一审法院认为,根据《业主大会和业主委员会指导规则》第十条、第十二条、第十五条的规定,筹备组由业主代表、建设单位代表、街道办事处、乡镇人民政府代表和居民委员会代表组成,并应由筹备组成员共同筹备并参与首次业主大会、选举产生业主委员会。本案中,首次业主大会只有业主代表筹备并参与,首次业主大会的召开和业主委员会的产生不具备合法性,业主委员会的备案欠缺合法的形式要件,区住房保障服务中心不予备案并无不当。一审法院判决如下:驳回范某等七名业主的诉讼请求。

二审法院认为,筹备组是在行政机关指导、协调下成立的具体办事机构,其成立目的在于为业主成立业主委员会提供服务,提高成立业主委员会的效率,其职能是临时性的。筹备组成立后,如果就工作程序性问题发生争议,在没有法律规定的情况下,应遵循少数服从多数的原则进行解决。本案中,在筹备组对何时召开首次业主大会无法达成一致意见的情况下,筹备组中的业主代表(包括范某等七名上诉人,且超过筹备组总人数的一半)决定于2021年3月6日召开首次业主大会并向筹备组中的其他成员发出了邀请函,并最终召开业主大会会议,选举产生了业主委员会成员,并不违反法律的规定。二审法院判决如下:一、撤销一审判决;二、郑州市某区住房保障服务中心从本判决生效之日起,自接到小区业主委员会备案文件后十五个工作日内依法为其办理备案手续。

问题

筹备组就何时召开首次业主大会达不成一致意见,业主代表可否继续推进成立业主大会?

解析

筹备组达不成一致意见,只有业主代表(过半数筹备组成员)也可以继续推进成立业主大会。

一、《业主大会和业主委员会指导规则》规定了筹备组的组成及工作职责,但并未规定筹备组的决策机制。但是,业主大会筹备方面的许多具体工作都需筹备组实施,发生意见分歧比较常见,但总得有一个决策机制,不能因有不同意见就推迟筹备工作,甚至无限期拖延。因此,二审法院认为"筹备组成立后,如果就工作程序性问题发生争议,在没有法律规定的情况下,应遵循少数服从多数原则进行解决"并无不妥。

二、本案中,业主代表决定于2021年3月6日召开第一次业主大会,因其人数超过筹备组的一半,所以可以代表筹备组的意见。此外,业主代表还向区住房保障服务中心、社区、建设单位等送达邀请函,也满足了程序上的要求。

三、选举业主委员会最终是由业主大会决定,主要看是否经过了双过半业主的同意。本案中,经过首次业主大会会议后,由业主

二、业主大会成立及业主委员会选举

大会选举产生了业主委员会，符合法律规定。

法条链接

《业主大会和业主委员会指导规则》

第十条 首次业主大会会议筹备组由业主代表、建设单位代表、街道办事处、乡镇人民政府代表和居民委员会代表组成。筹备组成员人数应为单数，其中业主代表人数不低于筹备组总人数的一半，筹备组组长由街道办事处、乡镇人民政府代表担任。

《河南省物业管理条例》[①]

第二十条第二款 首次业主大会筹备组由街道办事处、乡镇人民政府和业主、社区居（村）民委员会、建设单位的代表组成，其中业主代表人数比例不低于二分之一；业主代表的产生方式由街道办事处、乡镇人民政府征求业主意见后确定。筹备组组长由街道办事处或者乡镇人民政府的代表担任。

《郑州市物业管理条例》[②]

第十三条第一款 筹备组成员由业主代表、建设单位代表、居

---

① 《河南省物业管理条例》已于2021年7月30日修正，相关条文见第二十二条第二款。

② 《郑州市物业管理条例》已于2021年9月2日修订，相关条文见第十四条第二款规定："街道办事处、乡镇人民政府应当在收到申请后三十日内组织成立首次业主大会筹备组。筹备组由街道办事处、乡镇人民政府和业主、居（村）民委员会、建设单位的代表组成，人数为七至十一人单数，其中业主代表人数比例不得低于二分之一。建设单位经通知未派员参加的，不影响筹备组成立。筹备组组长由街道办事处、乡镇人民政府的代表担任。"

43

民委员会代表、辖区公安派出所代表组成。其中，业主代表应不少于成员总数的二分之一。

经验分享

一、筹备组，又叫业主大会筹备组或首次业主大会会议筹备组，是在街道办事处等机构或部门的指导、监督下成立的临时办事机构，其成立目的在于为业主成立业主委员会提供服务。

二、有的地方对决策机制在内的筹备组工作原则进行了更为详细的规定，如2021年修订的《郑州市物业管理条例》第十四条第五款规定："筹备组决定的重大事项应当经筹备组全体成员过半数同意。"这样就避免出现案例中的情况，类似规定是很有必要的。

三、由于筹备期有期限的限制，超过一定期限，筹备未完成的话就面临着失败的结局。因此，当筹备组内部出现意见分歧时，指导监督机构或部门不能坐视不管，更不能借个别成员有不同意见或异议，而无限期推迟筹备工作。

12. 筹备组应当在多长时间内完成筹备工作？

场景

河南省某市某小区于 2018 年 10 月 25 日成立业主委员会筹备小组。筹备组于 2019 年 5 月 4 日公告，兹定于 2019 年 5 月 18 日 9 时在小区广场召开小区首次业主大会，会议议题是：(1) 表决成立业主大会；(2) 表决《业主大会议事规则》；(3) 表决《管理规约》；(4) 选举业主委员会委员；(5) 其他事项。并定于 2019 年 5 月 14 日至 2019 年 5 月 17 日为选举业主委员会投票日期，后又将召开时间更改为 2019 年 5 月 20 日，公布时间为 5 月 18 日。区城乡建设局于 2019 年 9 月 8 日对小区业主委员会进行了备案登记，备案登记内容为："完成选举时间为 2019 年 5 月 20 日，参加大会应到票权数 1054 票，大会实到票权数 573 票。该业主委员会成员 11 人。"有业主认为，筹备超期，区城乡建设局未尽到审查义务，登记备案程序违法，应予撤销。

问题

筹备组应当在多长时间内完成筹备工作？本案中，筹备成立业主大会的时间超期了吗？

解析

一、按照《业主大会和业主委员会指导规则》的规定，筹备组应当自组成之日起90日内完成筹备工作，组织召开首次业主大会会议。也就是说，从筹备组成立之日起算至召开首次业主大会会议之日最长是90日。

二、本案中，业主委员会筹备小组于2018年10月25日成立，但于2019年5月4日才发布组织召开首次业主大会会议的公告，时间间隔六个多月，违反了业主大会筹备最长90日的规定。因此，本案中，筹备成立业主大会的时间已超期。

法条链接

《业主大会和业主委员会指导规则》

第十五条 筹备组应当自组成之日起90日内完成筹备工作，组织召开首次业主大会会议。

业主大会自首次业主大会会议表决通过管理规约、业主大会议事规则，并选举产生业主委员会之日起成立。

经验分享

一、各地均对业主大会筹备期限作了规定，但期限不尽相同，作为部门规章的《业主大会和业主委员会指导规则》规定了90日的筹备期限。

二、业主大会筹备组应注意筹备期限的要求,否则可能被认为程序违法而导致业主委员会备案登记被撤销。

13. 业主大会筹备小组可以按户计算投票吗？

场景

2021年10月16日，某大厦召开业主大会，选举罗某等五人为业主委员会委员。2021年10月24日，区住房和城乡建设局作出《业主委员会备案证明》，予以备案。2021年11月7日，大厦部分业主联名请求区住房和城乡建设局撤销业主委员会备案。经查，大厦业主大会筹备小组于2021年10月2日制定的《业主委员会选举办法》第五条规定："业主委员会委员的选举，一律采用实名投票的方法，一户一票，套房一户两票，商铺每50平方米一票，业主对于委员候选人可以投赞成票，可以另选其他业主，也可以弃权。"

问题

本案中，业主大会筹备小组制定的计票方法合法吗？可以按户计算投票吗？

解析

不合法。

二、业主大会成立及业主委员会选举

一、按规定，应通过业主人数和建筑物面积两个维度来计算业主的投票。选举业主委员会事项，应当由专有部分面积占比三分之二以上的业主且人数占比三分之二以上的业主参与表决，并应当经参与表决专有部分面积占建筑物总面积过半数的业主且参与表决人数占总人数过半数的业主同意，方为一项有效的业主大会决议。

二、关于业主人数，按照专有部分的数量计算，一个专有部分按一人计算。但建设单位尚未出售和虽已出售但尚未交付的部分，以及同一买受人拥有一个以上专有部分的，按一人计算。

三、本案中，"一户一票，套房一户二票，商铺每50平方米一票"违反了上述规定。举例，假如开发商尚有100户房未卖，算100户，计为100票；100个套房未卖，则计为200票。其实，这些情况下，人数都仅计算为一人而已。商铺每50平方米一票，也没有法律依据。因此，本案中的投票计算方法不合法。

法条链接

《中华人民共和国民法典》

第二百七十八条 下列事项由业主共同决定：

（一）制定和修改业主大会议事规则；

（二）制定和修改管理规约；

（三）选举业主委员会或者更换业主委员会成员；

（四）选聘和解聘物业服务企业或者其他管理人；

（五）使用建筑物及其附属设施的维修资金；

（六）筹集建筑物及其附属设施的维修资金；

（七）改建、重建建筑物及其附属设施；

（八）改变共有部分的用途或者利用共有部分从事经营活动；

（九）有关共有和共同管理权利的其他重大事项。

业主共同决定事项，应当由专有部分面积占比三分之二以上的业主且人数占比三分之二以上的业主参与表决。决定前款第六项至第八项规定的事项，应当经参与表决专有部分面积四分之三以上的业主且参与表决人数四分之三以上的业主同意。决定前款其他事项，应当经参与表决专有部分面积过半数的业主且参与表决人数过半数的业主同意。

《业主大会和业主委员会指导规则》

第二十四条 业主大会确定业主投票权数，可以按照下列方法认定业主人数和总人数：

（一）业主人数，按照专有部分的数量计算，一个专有部分按一人计算。但建设单位尚未出售和虽已出售但尚未交付的部分，以及同一买受人拥有一个以上专有部分的，按一人计算；

（二）总人数，按照前项的统计总和计算。

经验分享

在计算业主投票权数或衡量业主大会决议是否有效时，要看两

二、业主大会成立及业主委员会选举

个指标：一是参与表决及同意的业主人数占总人数的比例，二是参与表决及同意的专有部分占建筑物总面积的比例，而不是自己拟定一个"××户/面积算为××票"。

14. 业主未投反对票，可否视同赞成？

场景

2021年12月5日，某小区成立临时业主委员会筹备组，同年12月13日，宣布临时业主委员会成立，其成员是主任闫某；副主任刘某、黄某；执行秘书李某、杨某；委员朱某、王某，并召开了第一次筹备组会议，制定了临时业主委员会章程（草案）、业主公约（草案）。筹备组会议决定印制600多份选票发给现有住户，要求参加投票的业主于12月31日前把选票投入小区大门口的选票箱中，会议还决定于2022年1月1日上午9时召开第一次全体业主大会，现场开箱验票，选举产生小区临时业主委员会。选票上注明：如果您反对其中任何人担任小区临时业主委员会成员，请在其名字后面画×，您也可以提出您建议的候选人，然后将您的选票在2022年12月31日前投入临时业主委员会筹备组选票箱，如果您未投反对票，将视同您赞成这些候选人当选业主委员会成员。选票上列出了候选人名单。

2022年1月1日上午9时，筹备组如期召开第一次全体业主大会，会议通过了业主委员会章程（草案）、业主公约（草案），选举牛某等八人为业主委员会成员。之后，刚成立的业主委员会向区物业管理办公室提出书面申请，申请备案。2022年1月20日，区

二、业主大会成立及业主委员会选举

物业管理办公室对新成立的小区业主委员会予以备案。

业主张某等人认为，筹备组规定没有投票的业主即认为同意此次选举，没有法律依据；同时还存在业主委员会选举只有47人参加，违背了应有半数以上业主同意的规定等问题。总之，首次业主大会会议的召开不合法，对小区业主委员会的备案应予以撤销。

问题

选举业主委员会成员时，业主未投反对票，可否视同赞成？

解析

本案中，选票注明的"如果您未投反对票，将视同您赞成这些候选人当选业主委员会成员"没有法律依据，业主未投反对票，不能视同赞成。

一、召开首次业主大会会议，选举业主委员会成员，需要由专有部分面积占比三分之二以上的业主且人数占比三分之二以上的业主参与表决，并应当经参与表决专有部分面积占建筑物总面积过半数的业主且参与表决人数占总人数过半数的业主同意。

二、一张选票的设计，应当包括同意/赞成、不同意/反对、弃权三个选项，这样才能最大限度地保障业主的权利。如果业主不投反对票，可能的情况是业主未参加投票或者弃权，不能认为未投

53

出反对票就是赞成。

三、本案选票注明的"如果您未投反对票,将视同您赞成这些候选人当选业主委员会成员"没有法律依据,由于又是首次业主大会会议,所以也不可能有业主大会议事规则、管理规约等相关的约定依据。所以,基于这种计票方式而来的业主委员会选举也必然是无效的。

法条链接

《中华人民共和国民法典》

第二百七十八条　下列事项由业主共同决定:

(一)制定和修改业主大会议事规则;

(二)制定和修改管理规约;

(三)选举业主委员会或者更换业主委员会成员;

(四)选聘和解聘物业服务企业或者其他管理人;

(五)使用建筑物及其附属设施的维修资金;

(六)筹集建筑物及其附属设施的维修资金;

(七)改建、重建建筑物及其附属设施;

(八)改变共有部分的用途或者利用共有部分从事经营活动;

(九)有关共有和共同管理权利的其他重大事项。

业主共同决定事项,应当由专有部分面积占比三分之二以上的业主且人数占比三分之二以上的业主参与表决。决定前款第六项至第八项规定的事项,应当经参与表决专有部分面积四分之三以上的业主且参与表决人数四分之三以上的业主同意。决定前款其他事项,应当经参与表决专有部分面积过半数的业主且参与表决人数过半数的业主同意。

《物业管理条例》

第十二条第三款 业主大会决定本条例第十一条第(五)项和第(六)项规定的事项,应当经专有部分占建筑物总面积 2/3 以上的业主且占总人数 2/3 以上的业主同意;决定本条例第十一条规定的其他事项,应当经专有部分占建筑物总面积过半数的业主且占总人数过半数的业主同意。

经验分享

依法应当由业主共同决定的事项应经过法定投票比例的业主同意,属于原则问题,不可突破。

15. 幼儿园应当计入建筑物总面积吗?

场景

重庆市某小区正筹备成立业主大会,在筹备过程中,召开首次业主大会会议核算建筑物总面积及投票比例时,出现了矛盾。主要的争议点是应不应当将幼儿园计算在建筑物总面积的范围内。

筹备组认为,幼儿园并没有特定业主,属于××镇的共有财产,不属于业主专有面积,不应统计本次业主大会专有面积。如果不计入幼儿园的面积,本次投票已经过半数。

而反对的业主认为,幼儿园具有构造上和利用上的独立性,也应当计入建筑物总面积。这样一来,本次投票就没有过半数。

问题

幼儿园应当计入建筑物总面积吗?

解析

一、幼儿园如果具有如下特点就应当属于"专有部分",其面积就应当计入建筑物总面积:(一)具有构造上的独立性,能够明确区分;(二)具有利用上的独立性,可以排他使用;(三)能够登记成为特定业主所有权的客体。

二、相反地,如果幼儿园不同时具备上述三个特点,就不能作为专有部分,其面积不能计入建筑物总面积。

法条链接

《最高人民法院关于审理建筑物区分所有权纠纷案件适用法律若干问题的解释》

第二条 建筑区划内符合下列条件的房屋,以及车位、摊位等特定空间,应当认定为民法典第二编第六章所称的专有部分:

(一)具有构造上的独立性,能够明确区分;

(二)具有利用上的独立性,可以排他使用;

(三)能够登记成为特定业主所有权的客体。

规划上专属于特定房屋,且建设单位销售时已经根据规划列入该特定房屋买卖合同中的露台等,应当认定为前款所称的专有部分的组成部分。

本条第一款所称房屋,包括整栋建筑物。

第八条 民法典第二百七十八条第二款和第二百八十三条规定的专有部分面积可以按照不动产登记簿记载的面积计算;尚未进行物权登记的,暂按测绘机构的实测面积计算;尚未进行实测的,暂按房屋买卖合同记载的面积计算。

经验分享

一、建筑物总面积为专有部分面积总和，包括已经交付、未交付但完成面积测算、未完成面积测算但已签订买卖合同的专有部分面积。

二、幼儿园等用房如果具有构造上和利用上的独立性，同时能够登记成为特定业主所有权的客体，就应作为专有部分面积计入建筑物总面积。

三、一个物业管理区域成立一个业主大会。所以，幼儿园面积要计入建筑物总面积还有一个前提——幼儿园也在特定的物业管理区域范围内。

四、在实践中，幼儿园的所有权人可能是开发商或特定产权人，也有可能属于业主共有。

16. 计算专有部分面积时应当扣除分摊面积吗？

场景

广州市某小区正在筹备成立业主大会，筹备过程中，在计算业主的投票面积时，业主代表和某建设单位的意见发生了分歧。业主代表认为，专有部分面积应当按照房产证上的建筑面积计算，也就是说应当包含套内建筑面积和分摊面积。而某建设单位认为，应当扣除分摊面积，仅统计套内建筑面积。

问题

计算专有部分面积时应当扣除分摊面积吗？

解析

不应当。

一、按规定，如果房屋已经进行了物权登记，那么，专有部分面积可以按照不动产登记簿记载的面积计算。不动产登记簿记载了"套内建筑面积"和"共有分摊面积"，则专有部分面积应包括"套内建筑面积"和"共有分摊面积"。

二、分摊面积部分为业主专有权行使必不可少的部分，与套内建筑面积共同记载于不动产登记簿上。在计算专有部分面积时，不应扣除分摊面积。

法条链接

《最高人民法院关于审理建筑物区分所有权纠纷案件适用法律若干问题的解释》

第八条　民法典第二百七十八条第二款和第二百八十三条规定的专有部分面积可以按照不动产登记簿记载的面积计算；尚未进行物权登记的，暂按测绘机构的实测面积计算；尚未进行实测的，暂按房屋买卖合同记载的面积计算。

《广东省物业管理条例》

第二十二条　业主大会决定筹集和使用专项维修资金、改建或者重建建筑物及其附属设施的，应当经专有部分占建筑物总面积三分之二以上的业主且占总人数三分之二以上的业主同意；决定其他有关共有和共同管理权利重大事项的，应当经专有部分占建筑物总面积过半数的业主且占总人数过半数的业主同意。面积和业主人数按照下列方式确定：

（一）专有部分面积，按照建筑面积计算；建筑物总面积，按专有部分面积之和计算。

（二）建设单位已经出售的专有部分的业主人数，一户按一人计算；建设单位未出售的专有部分按一人计算；总人数，按照两者之和计算。

经验分享

一、专有部分面积及建筑物总面积是统计业主在业主大会会议上投票权数的重要方面，必须搞清楚如何计算"专有部分面积"及"建筑物总面积"。

二、如果已经发了房产证的，"专有部分面积"="套内建筑面积"+"共有分摊面积"。"建筑物总面积"=各"专有部分面积"之和。

17. 筹备成立业主大会时，初始登记面积可以作为建筑物总面积吗？

场景

广州市某小区正筹备成立业主大会，在筹备过程中，工作人员对于如何计算建筑物总面积犯了难。开发商说，可以按照当时办理房屋初始登记时的初始登记面积计算。有的筹备组工作人员说，开发商说的这个初始登记面积不准确。还有的人说，应当按照物业公司收取物业费的总面积计算。

问题

初始登记面积可以作为建筑物总面积吗？

解析

不可以。

一、在计算业主投票权数时，"建筑物总面积"是一个专用词汇，有专门含义，即建筑物总面积为"专有部分面积"的统计之和，不同于我们日常说的这个小区／大厦××的面积。

二、业主大会成立及业主委员会选举

二、再具体点说,"专有部分面积"的统计之和,就是将作为一个物业管理区域的小区/大厦的全部所有权人的专有部分面积进行相加计算,全部所有权人包括这个小区/大厦内已经领取或(虽尚未领取但)可以领取所有权证的所有权人。已经领取所有权证的专有部分面积,可以按照不动产登记簿记载的面积计算;(虽尚未领取但)可以领取所有权证的专有部分面积,如果尚未进行物权登记的,暂按测绘机构的实测面积计算;尚未进行实测的,暂按房屋买卖合同记载的面积计算。

三、但是,初始登记面积不能等同于"建筑物总面积"。房地产开发企业在申请房屋所有权初始登记时,应对建筑区划内依法属于全体业主共有的公共场所、公用设施和物业服务用房等房屋一并申请登记为业主共有(按照原《房屋登记办法》[①]的规定,由房屋登记机构在房屋登记簿上予以记载,不颁发房屋权属证书)。所以,初始登记面积中包含业主共有部分/不能颁发权属证书部分的建筑物面积。因此,初始登记面积不能作为"建筑物总面积"计算。

法条链接

《最高人民法院关于审理建筑物区分所有权纠纷案件适用法律若干问题的解释》

第八条 民法典第二百七十八条第二款和第二百八十三条规定

---

① 已于 2019 年 9 月 6 日失效。

63

的专有部分面积可以按照不动产登记簿记载的面积计算；尚未进行物权登记的，暂按测绘机构的实测面积计算；尚未进行实测的，暂按房屋买卖合同记载的面积计算。

《广东省物业管理条例》

第二十二条 业主大会决定筹集和使用专项维修资金、改建或者重建建筑物及其附属设施的，应当经专有部分占建筑物总面积三分之二以上的业主且占总人数三分之二以上的业主同意；决定其他有关共有和共同管理权利重大事项的，应当经专有部分占建筑物总面积过半数的业主且占总人数过半数的业主同意。面积和业主人数按照下列方式确定：

（一）专有部分面积，按照建筑面积计算；建筑物总面积，按专有部分面积之和计算。

（二）建设单位已经出售的专有部分的业主人数，一户按一人计算；建设单位未出售的专有部分按一人计算；总人数，按照两者之和计算。

《不动产登记暂行条例实施细则》

第十条第三款 建筑区划内依法属于全体业主共有的不动产申请登记，依照本实施细则第三十六条的规定办理。

第三十六条 办理房屋所有权首次登记时，申请人应当将建筑区划内依法属于业主共有的道路、绿地、其他公共场所、公用设施和物业服务用房及其占用范围内的建设用地使用权一并申请登记为业主共有。业主转让房屋所有权的，其对共有部分享有的权利依法一并转让。

《房屋登记办法》（施行日期：2008年7月1日，失效日期：2019年9月6日）

第三十一条　房地产开发企业申请房屋所有权初始登记时，应当对建筑区划内依法属于全体业主共有的公共场所、公用设施和物业服务用房等房屋一并申请登记，由房屋登记机构在房屋登记簿上予以记载，不颁发房屋权属证书。

经验分享

一、房屋所有权首次登记的面积≠建筑物总面积。

二、初始登记面积中包含部分不能颁发权属证书的建筑物面积，因此初始登记面积不能概括作为建筑物总面积计算。

18. 首次业主大会会议可以采用"视为同意多数"表决规则吗？

场景

上海市某小区筹备成立业主大会。筹备组发布《关于业主大会发放、投放表决票工作的公告》，告知本次表决票发放时间、投放时间。同时规定逾期投放的表决票视为无效；如因业主外出等原因，表决票发放小组工作人员上门未送达表决票的，将把相关表决票投放在业主信箱内，请业主及时查收；已送达的表决票，业主在规定的时间内不反馈意见或者不提出同意、不同意、弃权意见的，视为同意已表决的多数票意见。向业主发放的表决票中亦明确载明"已送达的表决票，业主在规定的时间内不反馈意见或者不提出同意、不同意、弃权意见的，视为同意已表决的多数票意见"，并对具体的表决方式进行了公示。

小区业主某公司认为，业主大会在未通过《业主大会议事规则》的情况下就采用了"已送达的表决票，业主在规定的时间内不反馈意见或者不提出同意、不同意、弃权意见的，视为同意已表决的多数票意见"是不合法的。

问题

首次业主大会会议可以采用"视为同意多数"表决规则吗？

解析

笔者认为,不宜在首次业主大会会议上,即《业主大会议事规则》未通过的情况下,采用"视为同意多数"表决规则。

一、"视为同意多数"表决规则,是指已送达的表决票,业主在规定的时间内不反馈意见或者不提出同意、不同意、弃权意见的,视为同意已表决的多数票意见。

二、不论按照《中华人民共和国民法典》还是《物业管理条例》,法定投票比例均是指对某项议题的同意票数,而不包括弃权票。业主在规定的时间内不反馈意见或者不提出同意、不同意、弃权意见的,应当作为弃权票处理,更符合法理,也更有利于业主充分表达意见和保护业主利益。

三、从提高表决效率的角度讲,"视为同意多数"表决规则有利于更快地作出一项业主大会决议。但表决规则的确立,尤其当这种确立涉及创设新的"规则"时,应当首先通过《业主大会议事规则》予以确立。

法条链接

《中华人民共和国民法典》

第二百七十八条 下列事项由业主共同决定:

(一)制定和修改业主大会议事规则;

（二）制定和修改管理规约；

（三）选举业主委员会或者更换业主委员会成员；

（四）选聘和解聘物业服务企业或者其他管理人；

（五）使用建筑物及其附属设施的维修资金；

（六）筹集建筑物及其附属设施的维修资金；

（七）改建、重建建筑物及其附属设施；

（八）改变共有部分的用途或者利用共有部分从事经营活动；

（九）有关共有和共同管理权利的其他重大事项。

业主共同决定事项，应当由专有部分面积占比三分之二以上的业主且人数占比三分之二以上的业主参与表决。决定前款第六项至第八项规定的事项，应当经参与表决专有部分面积四分之三以上的业主且参与表决人数四分之三以上的业主同意。决定前款其他事项，应当经参与表决专有部分面积过半数的业主且参与表决人数过半数的业主同意。

经验分享

"视为同意多数"表决规则应先经《业主大会议事规则》确立后再使用。

19. 当选的业主委员会委员得票数是否均应"双过半"?

场景

南京市某小区举行业主委员会换届选举。换届选举小组相关公告规定,全体候选人按得票多少进行筛选,考虑到个别楼幢有两名候选人的情况,也遵循多票当选的原则进行筛选。小区《业主大会议事规则》关于业主委员会候选人产生办法规定:(1)小区共有12幢住宅楼及商业用房(计13个单位),确定候选人数不得超过22人,为兼顾各单位业主利益,候选人由每个单位推荐、自荐、提名的方法产生;(2)每个单位候选人数不得超过2人,如本单位无候选人视为该单位放弃,如本单位候选人数超过2人,由该单位拟担任候选人的业主自行协商或由筹备组成员和该单位拟担任候选人的代表进行差额表决筛选。

其中,胡某也当选为业主委员会委员,但实际上其未获得"双过半"同意,只是由于与他同在一单元的另一名候选人得票数不如胡某多,因此,最终确定胡某当选。

有业主认为,胡某未获得"双过半",不能被确定为业主委员会委员,同意其担任业主委员会委员的相关业主大会决议侵犯业主合法权益。而业主委员会则认为,结合小区实际情况,业主委

69

员会委员按照兼顾各单元业主利益并结合差额选举方式产生，并不违反规则及相关法律规定。

问题

当选的业主委员会委员得票数是否均应"双过半"？

解析

应当。

一、《中华人民共和国民法典》明确规定，选举业主委员会或者更换业主委员会成员，应当由专有部分面积占比三分之二以上的业主且人数占比三分之二以上的业主参与表决，并应当经参与表决专有部分面积过半数的业主且参与表决人数过半数的业主同意。这就要求当选的业主委员会委员得票数均应"双过半"，包括每一位当选的业主委员会委员。

二、在业主委员会换届选举过程中，投票规则、选举规则除了应当遵守法律规定以外，还应当有《业主大会议事规则》的依据，而不能由换届小组任意创设。

法条链接

《中华人民共和国民法典》

第二百七十八条 下列事项由业主共同决定：

（一）制定和修改业主大会议事规则；

（二）制定和修改管理规约；

（三）选举业主委员会或者更换业主委员会成员；

（四）选聘和解聘物业服务企业或者其他管理人；

（五）使用建筑物及其附属设施的维修资金；

（六）筹集建筑物及其附属设施的维修资金；

（七）改建、重建建筑物及其附属设施；

（八）改变共有部分的用途或者利用共有部分从事经营活动；

（九）有关共有和共同管理权利的其他重大事项。

业主共同决定事项，应当由专有部分面积占比三分之二以上的业主且人数占比三分之二以上的业主参与表决。决定前款第六项至第八项规定的事项，应当经参与表决专有部分面积四分之三以上的业主且参与表决人数四分之三以上的业主同意。决定前款其他事项，应当经参与表决专有部分面积过半数的业主且参与表决人数过半数的业主同意。

经验分享

有关共有和共同管理权利的重大事项需要业主作出共同决定的，包括选举业主委员会委员，都应当由达到法定比例的业主参与表决并同意。

20. 公共服务中心有权取消业主委员会委员候选人资格吗?

◼ 场景

原告姚某某系安徽省芜湖市某小区的业主。被告某公共服务中心由该区人民政府设立,行使原由街道、社区承担的行政服务职能和市、区职能部门的部分行政职能。2021年8月,该区某社区居委会因小区业主委员会委员集体辞职而代行该小区业主委员会职责。2021年11月25日,社区居委会发布通告,通知小区业主报名参选业主委员会委员。至报名截止日,共有包括原告姚某某在内的24名业主报名参选。经被告审核报名参选人名单,认为原告未缴纳2013年至2015年度的物业费,遂通知社区居委会取消了原告候选人资格,并于2021年12月11日发布《关于"×小区业主委员会候选人名单"公示》,原告不在候选人名单内。此后,小区业主委员会选举成立。原告不服,诉请撤销被告取消其参选资格的行政行为并重新进行选举。

法院经审理认为,被告对设立业主大会和选举业主委员会具有组织协调、指导监督的法定职责,但不具有直接对业主委员会委员候选人作出决定的法定职责。因此,被告作出取消原告业主委员会委员候选人资格的行政行为,缺乏法律依据,属超越职权的行为,依法应予撤销。但鉴于小区业主委员会已经选举成立,撤销已无实际意义,故确认被告取消原告业主委员会委员候选人资格的行政行为违法。因选举业主委员会或者更换业主委员会成员依法应由业主大会决定,故原告要求重新选举无事实和法律依据,不予支持。故法院最终判决确认被告取消原告业主委员会委员候选人资格的行政行为违法,驳回原告的其他诉讼请求。

问题

本案中,公共服务中心有权取消姚某某的业主委员会委员候选人资格吗?

解析

应当视情况具体分析。

一、本案中,某公共服务中心是对设立业主大会和选举业主委员会履行组织协调、指导监督法定职责的行政机关,但并无取消业主委员会委员候选人资格的法定职权。法院的判决是正确的。

二、本案中,社区居委会代行业主委员会职责,并组织重新选举业主委员会,因此,应由社区居委会按照法律法规的规定以及制定的《业主大会议事规则》确定业主是否具有业主委员会委员候选人资格。

二、业主大会成立及业主委员会选举

三、有些情况下,行政机关直接组织重新选举业主委员会,如《北京市物业管理条例》第四十八条规定,"一个任期内,出现业主委员会委员经递补人数仍不足总数的二分之一等无法正常履行职责的情形,或者业主委员会拒不履行职责的,物业所在地的居民委员会、村民委员会或者街道办事处、乡镇人民政府应当组织召开业主大会临时会议,重新选举业主委员会。"此时进行重新选举业主委员会,实质上赋予了居民委员会、村民委员会或者街道办事处、乡镇人民政府取消相关业主委员会委员资格的权利。对此问题,不能一概而论。

法条链接

《安徽省物业管理条例》

第六条 街道办事处、乡镇人民政府履行以下职责:

(一)指导和协助业主大会的成立、业主委员会的选举;

(二)指导和监督业主大会、业主委员会开展工作;

(三)协调物业管理与社区管理、社区服务之间关系,调处业主、业主委员会、物业使用人、物业服务企业在物业管理活动中的纠纷;

(四)协调和监督物业服务企业的交接;

(五)协调和监督老旧小区物业管理。

居民委员会、村民委员会应当予以协助和配合。

《业主大会和业主委员会指导规则》

第六条 物业所在地的区、县房地产行政主管部门和街道办事处、乡镇人民政府负责对设立业主大会和选举业主委员会给予指导和协助，负责对业主大会和业主委员会的日常活动进行指导和监督。

第十四条 业主委员会委员候选人由业主推荐或者自荐。筹备组应当核查参选人的资格，根据物业规模、物权份额、委员的代表性和广泛性等因素，确定业主委员会委员候选人名单。

经验分享

一、业主大会及其业主委员会是业主参与物业管理的自治组织，有关行政机关的指导、监督并非没有边界，要依法行政，切勿越俎代庖。

二、业主委员会委员资格的确认在业主大会运行的不同阶段具有不同的特点，要具体分析谁有权进行业主委员会委员资格确认。

三、在小区筹备成立业主大会，首次选举产生业主委员会的过程中，由筹备组确定业主委员会委员候选人，而不是由行政机关去直接确定或取消有关候选人的资格。

三、业主委员会备案

本章提要： 本章主要介绍与业主委员会备案有关的典型案例和问题。可以说，业主委员会备案是业主委员会成立的最后一个环节，备受业主委员会及备案机关重视。但是，业主委员会备案究竟属于何种性质，备案审查时采用形式审查还是实质审查，备案机关可否撤销对业主委员会的备案等诸多问题，在实践中存在争议。

21. 街道办事处对业主委员会无正当理由不予备案，可以起诉吗？

场景

山西省太原市某小区 2018 年 6 月 24 日申请成立业主大会。2019 年 11 月 25 日，属地街道办事处公告成立业主大会会议筹备组。2020 年 5 月 19 日，街道办事处公告业主大会会议议程。该小区于 2020 年 6 月 6 日采用书面意见的形式召开了首次业主大会会议。2021 年 4 月 15 日，业主大会占建筑面积过半数且占总人数过半数的业主参加表决赞成通过了《管理公约》和《小区议事规则》，并选举产生了第一届业主委员会。

业主委员会向街道办事处申请备案时，街道办事处无正当理由一直未予备案。业主委员会认为，按照《山西省物业管理条例》和《太原市物业管理条例》的相关规定，指导监督成立业主大会是街道办事处的法定职责，而街道办事处不给业主委员会备案资料盖章是行政不作为，遂将街道办事处诉至法院。

街道办事处认为，业主委员会所诉的"不予备案"行政行为不可诉，不属于行政诉讼的受案范围。所谓"备案"就是"向主管机关报告事由存案，以备查考"，它有别于行政审批制度。全国人大常委会法工委在解读《中华人民共和国物权法》和《物业管

三、业主委员会备案

理条例》条文中做了简单明了的解释：业主委员会是作为业主团体的组织机构，属于业主大会的执行机构，是基于业主团体的意思自行设立的，属于业主自治的范畴。业主委员会备案与否，并不影响其成立，备案仅是为了行业管理的需要所履行的手续。业主委员会备案登记与公司法人等一般民事主体的设立登记不同，无须通过备案行为来保障。因此，业主委员会备案不是业主委员会成立、变更或终止的要件。街道办事处对业主委员会的成立过程只是有权实施行政指导，根据业主委员会申报作出的登记备案也只是存档备查。

问题

街道办事处对业主委员会不予备案的行为是否可诉？

解析

可诉。本案中，街道办事处的答辩无法律依据。

一、街道办事处等地方人民政府有关部门应当对设立业主大会和选举业主委员会给予指导和协助。业主委员会应当自选举产生之日起30日内，向街道办事处等地方人民政府有关部门备案。本案中，街道办事处具有履行业主委员会备案的法定职责。

二、业主委员会备案虽然不属于行政审批，但备案与否对业主委员会却影响极大。如果不办理业主委员会备案，业主委员会就无法刻制印章，对外就无法以业主委员会的名义开展相关活动。

三、《最高人民法院关于适用〈中华人民共和国行政诉讼法〉的解释》也已经明确赋予业主委员会诉讼主体资格。

法条链接

《物业管理条例》

第十条 同一个物业管理区域内的业主，应当在物业所在地的区、县人民政府房地产行政主管部门或者街道办事处、乡镇人民政府的指导下成立业主大会，并选举产生业主委员会。但是，只有一个业主的，或者业主人数较少且经全体业主一致同意，决定不成立业主大会的，由业主共同履行业主大会、业主委员会职责。

第十六条第一款 业主委员会应当自选举产生之日起30日内，向物业所在地的区、县人民政府房地产行政主管部门和街道办事处、乡镇人民政府备案。

《最高人民法院关于适用〈中华人民共和国行政诉讼法〉的解释》

第十八条 业主委员会对于行政机关作出的涉及业主共有利益的行政行为，可以自己的名义提起诉讼。

业主委员会不起诉的，专有部分占建筑物总面积过半数或者占总户数过半数的业主可以提起诉讼。

三、业主委员会备案

✎ 经验分享

有关政府部门办理业主委员会备案的行为,具有行政确认的性质,属于可诉行政行为。

22. 当地镇政府认为业主委员会备案材料存在问题，可以不接收备案材料吗？

场景

北京市某小区召开首次业主大会会议，选举产生业主委员会，并通过管理规约及业主大会议事规则。业主委员会向当地镇政府提出备案申请，同时提交了如下备案材料：（1）由筹备组组长签字的业主大会成立和业主委员会选举情况的报告；（2）首次业主大会会议决议公告；（3）管理规约、业主大会议事规则；（4）含有业主委员会委员名单的业主委员会备案单。因小区业主反映业主大会选举过程存在诸多问题，希望政府调查核实，镇政府当日答复业主委员会：暂不接收备案材料，待调查核实清楚后再做决定是否予以备案。之后，业主委员会又向镇政府邮寄备案材料，再次提出备案申请。镇政府工作人员拒收该邮件。业主委员会不服，将镇政府诉至法院，请求法院判决镇政府对业主委员会提交的材料当场备案并出具备案证明。法院最终判决：一、镇政府在法定期限内接收业主委员会提交的备案材料，并作出是否予以备案的行政行为；二、驳回业主委员会的其他诉讼请求。

三、业主委员会备案

问题

镇政府可否因业主反映业主大会选举存在问题而暂不接收业主委员会备案材料？

解析

不可以。镇政府应当先接收备案材料，再根据情况作出是否予以备案的决定。

一、政府相关部门（本案中指镇政府）具有履行业主委员会备案的职责。

二、接收备案材料是政府相关部门履行业主委员会备案职责的前提，不接收备案材料的行为属于不履行法定职责。本案中，在业主委员会两次提出备案申请并提交备案材料的情况下，镇政府"暂不接收备案材料"、拒收邮件的做法，属于不履行法定职责。

三、当然，接收备案材料并不代表政府部门承认了业主委员会成立的合法性，政府部门仍可根据具体情况作出予以备案或者不予备案的行政行为。

四、关于本案的举证责任，法院应当将被告不作为是否合法作为审查重点，只要原告能证明其提出过备案申请的事实，举证责任即发生转移，由被告对其不作为是否合法承担举证责任。

法条链接

《物业管理条例》

第十六条第一款 业主委员会应当自选举产生之日起 30 日内，向物业所在地的区、县人民政府房地产行政主管部门和街道办事处、乡镇人民政府备案。

经验分享

一、相关政府部门对于备案材料必须先接收，再做处理。

二、类似本案的行政不作为案件，行政不作为的判断主要有三点：一是申请要件，即行政相对人向行政主体提出了实施一定行为的合法申请。二是职权要件，即行政主体对行政相对人的申请事项具有法定职责和管理权限。三是期限要件，即行政主体未在一定期限内按照法定程式实施一定的行为。

23. 镇政府对业主委员会备案申请应做形式审查还是实质审查?

● 场景

某小区选举产生七名业主委员会委员,但业主举报部分业主委员会委员存在违法建设行为,经社区与城管部门核实确实存在违法建设,镇政府取得相关证据。而该小区《管理规约》第十条规定:业主、物业使用人在使用物业中,除应当遵守法律、法规政策的规定外,不得从事下列危及建筑物安全或者损坏他人合法权益的行为:(一)擅自改变房屋建筑物及其设施设备的结构、外貌(含外墙、外门窗、阳台等部位设施的颜色、形状和规格)、设计用途、功能和布局……(五)违法搭建建筑物、构筑物。同时该小区《业主大会议事规则》第十七条规定:业主委员会委员由物业管理区域内的业主担任,并应当符合下列条件:……(六)履行业主义务,无损害业主共同权益的行为;第十八条规定:有下列行为的业主,不能担任业主委员会委员:(一)擅自(不含封闭阳台和门斗)搭建建筑物构筑物;(二)擅自拆改房屋承重结构;(三)擅自(不含封闭阳台和门斗)改变住宅外立面;(四)擅自拆改燃气管道和设施;(五)在物业管理区域内的物业服务机构任职,或与其关联机构有利害关系的。

镇政府决定暂缓业主委员会备案。业主委员会主张部分委员仅是将阳台封闭，并非违法建设，但并未提供相关的证据和法律依据。业主委员会同时认为，《物业管理条例》并未赋予备案机关对于备案事由的合法性进行审查，并进而作出是否准予备案的法定职权。因此，备案机关仅需对业主委员会申请备案的材料进行形式完备性、正确性审查；只要材料齐全，就应当当场予以备案。

问题

政府备案部门对业主委员会备案申请是否有权进行审查？应做形式审查还是实质审查？

解析

政府备案部门对业主委员会备案申请有权进行审查，应做实质审查。

一、法律法规对于政府备案部门履行的备案职责具体是何种性质的备案，应做形式审查还是实质审查，并没有明确规定。

二、业主委员会的选举关乎全体业主的利益，除了不能违反法律的强制性规定，还应当遵守自治管理文件的规定，即《管理规约》和《业主大会议事规则》的要求。

三、《管理规约》《业主大会议事规则》对业主委员会委员任职条件有明确规定的,所选出的业主委员会委员应当符合相关规定。

四、针对业主大会、业主委员会,法律、法规对政府部门的角色定位是"协助、指导、监督",因此,对于备案材料也应当进行必要的审查,以履行指导、监督职责,而不能认为政府部门就是一个"信报箱",业主委员会只管投放备案申请材料,备案部门只管接收。

法条链接

《物业管理条例》

第十六条第一款 业主委员会应当自选举产生之日起30日内,向物业所在地的区、县人民政府房地产行政主管部门和街道办事处、乡镇人民政府备案。

经验分享

一、业主委员会不要幻想备案部门是摆设式的"信报箱",要保证选出的委员符合法律法规规定以及自治文件规定,要经得起政府部门的审查。

二、不仅是业主委员会,也有一些政府部门误认为备案就是一种形式,对备案材料不做实质审查。这同样是错误的。

三、有些地方性法规已对业主委员会委员任职条件作了明确规定，尤其是对于有争议的，涉及违法建设、欠缴物业费等问题，有效地解决了突出矛盾。

24. 街道办事处可否依据管理规约、业主大会议事规则对业主委员会备案申请进行审查？

场景

某小区业主委员会于 2020 年在某街道办事处完成备案，备案提交的材料包括小区管理规约、小区业主大会议事规则、业主委员会委员等。2021 年，该小区更换了两名业主委员会委员张某、蔡某。业主委员会向街道办事处申请变更备案。

街道办事处认为，按照备案的管理规约、业主大会议事规则，业主委员会委员应当遵守管理规约和业主大会议事规则。对于存在违法建设等行为的业主，可以限制其担任业主委员会委员。经有关部门认定，张某、蔡某均有违法建设行为。因此，街道办事处不予备案。业主委员会认为，管理规约、业主大会议事规则规定的不能存在违法建设是针对全体业主的，且管理规约、业主大会议事规则不具有强制性，政府应当予以备案。

问题

街道办事处可否依据管理规约、业主大会议事规则对业主委员会备案申请进行审查？

解析

可以。

一、管理规约对全体业主具有约束力。管理规约、业主大会议事规则规范和约束业主委员会及其委员的条款对业主委员会及其委员具有约束力。

二、管理规约在不违反法律的强制性规定，不违反公序良俗原则，不变更或排除区分所有权本质的情况下，可以产生法律上的效力。因此，业主大会通过的管理规约中的约定对全体业主产生约束力，在业主委员会选举、更换委员时亦应当予以遵守。

三、《业主大会和业主委员会指导规则》对业主委员会委员的任职条件作出了规定。业主委员会委员的任职资格应当符合管理规约、业主大会议事规则的相关约定。

四、本案中，管理规约以及业主大会议事规则中规定，对于存在违法建设等行为的业主，可以限制其担任业主委员会委员。因此，街道办事处可以依据管理规约、业主大会议事规则关于业主委员会委员任职资格的要求，审核业主委员会备案申请。

法条链接

《物业管理条例》

第十六条第二款 业主委员会委员应当由热心公益事业、责任心强、具有一定组织能力的业主担任。

第十七条 管理规约应当对有关物业的使用、维护、管理，业主的共同利益，业主应当履行的义务，违反管理规约应当承担的责任等事项依法作出约定。

管理规约应当尊重社会公德，不得违反法律、法规或者损害社会公共利益。

管理规约对全体业主具有约束力。

《业主大会和业主委员会指导规则》

第三十一条 业主委员会由业主大会会议选举产生，由5至11人单数组成。业主委员会委员应当是物业管理区域内的业主，并符合下列条件：

（一）具有完全民事行为能力；

（二）遵守国家有关法律、法规；

（三）遵守业主大会议事规则、管理规约，模范履行业主义务；

（四）热心公益事业，责任心强，公正廉洁；

（五）具有一定的组织能力；

（六）具备必要的工作时间。

经验分享

业主委员会备案部门在办理业主委员会备案手续时，尤其是在变更备案时，除了应当遵守法律、法规、规章及规范性文件的规定，还应当注意已经表决通过的管理规约、业主大会议事规则中是否有关于业主委员会委员任职资格的要求和限制。如有，可以作为审核依据。

三、业主委员会备案

25. 业主对首次业主大会决议有效性提起民事诉讼的情况下，街道办事处可否先不予办理业主委员会备案手续？

场景

北京市某小区于 2019 年 7 月至 10 月召开了首次业主大会会议，选举出业主委员会委员若干名。后业主委员会向属地街道办事处申请备案。与此同时，××公司（该小区业主）认为决议违法，并以业主委员会为被告向区人民法院起诉，请求撤销业主大会决议。街道办事处答复业主委员会由于有民事诉讼，决定暂缓办理备案手续。业主委员会不服街道办事处的决定，认为街道办事处偏袒××公司。

问题

业主对首次业主大会决议有效性提起民事诉讼的情况下，街道办事处可否先不予办理业主委员会备案手续？

解析

可以。

93

一、××公司（该小区业主）提起的民事诉讼属于业主撤销权诉讼，针对的是业主大会决议的有效性与合法性问题。而业主大会决议的有效性与合法性，直接决定了业主委员会的产生是否合法，进而决定政府部门应否予以备案。

二、撤销权民事诉讼程序启动后，业主大会决议的有效性与合法性尚待法院作出最终裁判。街道办事处对业主委员会的备案申请先不予备案，待法院判决后再作出是否备案的决定，并无不当。

三、街道办事处应当在法院判决作出后，依据法院判决及相关法律法规作出是否备案的决定。

法条链接

《物业管理条例》

第十六条第一款 业主委员会应当自选举产生之日起30日内，向物业所在地的区、县人民政府房地产行政主管部门和街道办事处、乡镇人民政府备案。

经验分享

业主委员会备案中出现特殊情况需要特殊处理，不能仅仅机械地看待备案时间问题。

26. 已完成业主委员会备案后，镇政府可否再撤销备案？

场景

2014年8月6日，北京市某小区业主委员会在当地镇政府办理了业主委员会备案。镇政府接到开发商（同时也是业主）某公司的投诉信——《关于小区业主委员会违法成立的情况反映》及《×小区经适房1号楼1单元、4号楼1单元、4号楼2单元业主联名信》后，经审查，于2016年1月12日作出《公告》，撤销小区业主委员会备案并收回业主委员会印章。《公告》载明："小区全体业主：2014年8月6日，小区在镇政府办理了业主委员会备案。由于接到该小区业主实名举报，经镇政府核查，存在以下问题：一、该小区在召开首次业主大会前没有进行业主专有面积表决权数和业主表决权数的公示和公告，不符合《北京市住宅区业主大会和业主委员会指导规则》（京建发〔2010〕739号）第十六条的规定。二、首次业主大会业主表决同意的业主专有面积数和业主人数没有达到建筑物总面积和业主总人数的50%以上，不符合《北京市住宅区业主大会和业主委员会指导规则》第十七条的规定。为了维护法律法规的严肃性，依据《北京市住宅区业主大会和业主委员会指导规则》的有关规定，镇政府决定：撤销小区业主委员会备案并收回业主委员会印章。"

小区业主委员会对此不服，向法院提起行政诉讼。业主委员会认为，镇政府应当履行的是形式审查的职责，而不是实质审查的职责，故镇政府在小区业主委员会提供了法定文件的情况下以上述两条理由撤销备案并收回印章的行为不合法。业主委员会请求法院判令：（1）撤销镇政府2016年1月12日的公告；（2）要求镇政府在小区进行公示，就作出撤销小区业主委员会备案并收回业主委员会印章的行为道歉，挽回影响；（3）本案诉讼费由镇政府支付。法院判决驳回了业主委员会的诉讼请求。

问题

已完成业主委员会备案后，镇政府可否再撤销备案？

解析

如果业主委员会备案确实存在错误，可以撤销备案。

一、物业所在地的区、县房地产行政主管部门和街道办事处、乡镇人民政府负责对设立业主大会和选举业主委员会给予指导和协助，负责对业主大会和业主委员会的日常活动进行指导和监督，负责办理业主委员会备案手续。

二、业主委员会备案能够对业主委员会对外活动产生重要影

三、业主委员会备案

响,业主委员会只有完成备案才能顺利刻章,从而对外以业主委员会的名义从事相关活动。

三、负有办理业主委员会备案手续的街道办事处、乡镇人民政府,对自身作出的备案行为,经审查确有错误的,应当享有自行纠正的权利。如有证据证明本案《公告》中镇政府提到的两个理由成立,即未公示应公示的内容、未经"双过半"同意,则镇政府可以撤销业主委员会备案。

法条链接

《中华人民共和国民法典》

第二百七十八条 下列事项由业主共同决定:

(一)制定和修改业主大会议事规则;

(二)制定和修改管理规约;

(三)选举业主委员会或者更换业主委员会成员;

(四)选聘和解聘物业服务企业或者其他管理人;

(五)使用建筑物及其附属设施的维修资金;

(六)筹集建筑物及其附属设施的维修资金;

(七)改建、重建建筑物及其附属设施;

(八)改变共有部分的用途或者利用共有部分从事经营活动;

(九)有关共有和共同管理权利的其他重大事项。

业主共同决定事项,应当由专有部分面积占比三分之二以上的业主且人数占比三分之二以上的业主参与表决。决定前款第六项至第八项规定的事项，应当经参与表决专有部分面积四分之三以上的业主且参与表决人数四分之三以上的业主同意。决定前款其他事项，应当经参与表决专有部分面积过半数的业主且参与表决人数过半数的业主同意。

《物业管理条例》

第十六条第一款 业主委员会应当自选举产生之日起30日内，向物业所在地的区、县人民政府房地产行政主管部门和街道办事处、乡镇人民政府备案。

《业主大会和业主委员会指导规则》

第三十四条第一款 业主委员会办理备案手续后，可持备案证明向公安机关申请刻制业主大会印章和业主委员会印章。

经验分享

一、业主委员会备案部门撤销备案决定是有关行政主体的一种自我纠错。

二、当然，这种行为也是可诉的。被撤销备案的业主委员会可以通过行政复议、行政诉讼等途径维护自身合法权益。

27. 业主委员会成员可以备案为双数吗?

场景

重庆市某小区选举业主委员会。街道办事处于 2022 年 4 月 23 日发布《小区业主委员会筹备组成员报名情况的通告》,之后成立筹备组。小区业主委员会筹备组于 5 月 1 日向全体业主发布《小区业主委员会候选人推选的通知》,经筹备组推荐和业主推荐产生 8 名小区业主委员会成员候选人。5 月 19 日至 23 日,小区业主大会以书面征求意见的方式召开,对 8 名小区业主委员会成员候选人及《业主大会议事规则》《业主管理规约》进行表决,产生 6 名业主委员会成员。

5 月 27 日,小区业主委员会向街道办事处提交《小区业主委员会成立备案的资料函》,载明"业主委员会名称:××小区业主委员会;业主委员会成员:主任汪某、副主任刘某、秘书长王某(委员)、协调联络员彭某(委员)、会计丁某(委员)、出纳罗某(委员)",并附有《小区业主大会议事规则》《小区管理规约》。5 月 28 日,街道办事处在小区业主委员会填报的《重庆市业主委员会备案申请表》中"备案意见——街道办事处科室意见"一栏签署"请及时按相关程序增补一名正式委员,以便达到法定单数及议事规则的规定","街道办事处意见"一栏签署"同意",并作出《小区第三

99

届业主委员会备案证明》，证明的主要内容为"×小区各位业主：坐落于重庆市××的×小区第三届业主委员会报来备案资料齐备，予以备案。主任汪某、副主任刘某、秘书长王某（委员）、协调联络员彭某（委员）、会计丁某（委员）、出纳罗某（委员）。小区第三届业主委员会任期三年"。

小区业主胡某等人对该备案不服，认为小区第三届业主委员会包括主任、副主任、委员等共计6名成员，违反《重庆市物业管理条例》第二十五条的规定，街道办事处却作出《小区第三届业主委员会备案证明》，系违法备案，故将街道办事处起诉至法院，请求依法撤销被告对小区第三届业主委员会的备案。

小区业主委员会述称，业主委员会经过业主大会选举，按照《业主大会议事规则》产生，《业主大会议事规则》只要求不低于5人，应为合法，请求法院依法驳回原告的诉讼请求。

问题

业主委员会委员可以备案为双数吗？

解析

不可以。

一、《重庆市物业管理条例》第二十五条第一款规定："业主委

三、业主委员会备案

员会是业主大会的执行机构,由五到十一名单数成员组成,每届任期五年,业主委员会成员可以连选连任。业主委员会的具体人数由业主大会议事规则确定。业主委员会主任、副主任在业主委员会成员中推选产生。"业主委员会向被告街道办事处申报备案时业主委员会成员为双数,违反《重庆市物业管理条例》第二十五条第一款的规定,被告街道办事处对其予以备案的行为违法。《业主大会和业主委员会指导规则》第三十一条也规定:"业主委员会由业主大会会议选举产生,由5至11人单数组成……"

二、从实操层面来看,业主委员会成员确定为6名除违反规定以外,还可能形成决策僵局,不利于业主委员会正常履职。

三、像本案的情况,街道办事处应当对于业主委员会的备案申请不予备案。如果已经备案,应当撤销备案。

法条链接

《业主大会和业主委员会指导规则》

第三十一条 业主委员会由业主大会会议选举产生,由5至11人单数组成。业主委员会委员应当是物业管理区域内的业主,并符合下列条件:

(一)具有完全民事行为能力;

(二)遵守国家有关法律、法规;

(三)遵守业主大会议事规则、管理规约,模范履行业主义务;

（四）热心公益事业，责任心强，公正廉洁；

（五）具有一定的组织能力；

（六）具备必要的工作时间。

《重庆市物业管理条例》

第二十五条第一款 业主委员会是业主大会的执行机构，由五到十一名单数成员组成，每届任期五年，业主委员会成员可以连选连任。业主委员会的具体人数由业主大会议事规则确定。业主委员会主任、副主任在业主委员会成员中推选产生。

经验分享

业主委员会成员应为单数，不能备案为双数。

四、业主大会会议与业主议事制度

本章提要：本章主要介绍业主大会会议及业主议事制度。业主大会成立后，要通过召开业主大会会议的方式决策相关事项，业主大会会议又包括定期会议和临时会议。作为业主大会和业主委员会应当遵循的《业主大会议事规则》，如何制定及执行也至关重要。本章将就这些问题涉及的典型案例进行分析。

28. 可以通过成立会务组的形式组织召开业主大会临时会议吗？

场景

北京市朝阳区某小区业主委员会到期后未进行换届选举。2019年8月10日，业主党某向街道办事处提交了一份《小区20%以上业主强烈要求重新召开业主大会的意见》及部分业主签名的《召开业主大会倡议书》。街道办事处接到申请后，认为在上届业主委员会到期后，因小区的管理规约和议事规则没有涉及临时业主大会的具体操作内容，街道办事处将协助业主组织召开临时业主大会。2019年11月20日，街道办事处张贴《通知》，通知小区全体业主将成立临时业主大会的会务组，需要业主代表5人，并规定了业主代表报名的时间、地点和条件等事项。

另查，2021年4月3日，街道办事处进行关于小区临时业主大会业主代表产生方式的公告，2021年4月14日，小区报名参选会务组成员的业主在街道办事处的参与下，以民主方式产生会务组成员。后会务组组织召开了业主大会临时会议。

小区部分业主不认可街道办事处通过组建会务组的方式召开业主大会临时会议，认为这种方式没有法律依据，不合法。

104

四、业主大会会议与业主议事制度

问题

可以通过成立会务组的形式组织召开业主大会临时会议吗?

解析

可以。

一、根据《物业管理条例》的规定,经20%以上的业主提议,业主委员会应当组织召开业主大会临时会议。也就是说,有了这么多业主提议,就必须组织召开业主大会临时会议。

二、对于业主委员会任期届满而未及时进行换届选举的,如何召开业主大会临时会议,法律法规没有明确规定。本案中,小区业主大会议事规则中也没有相关规定。

三、鉴于上述情况,承担指导、监督设立业主大会和选举业主委员会职责的街道办事处通过组织会务组,由会务组组织召开业主大会临时会议的方式并无不妥。

法条链接

《中华人民共和国民法典》

第二百七十七条 业主可以设立业主大会,选举业主委员会。业主大会、业主委员会成立的具体条件和程序,依照法律、法规的

105

规定。

地方人民政府有关部门、居民委员会应当对设立业主大会和选举业主委员会给予指导和协助。

《物业管理条例》

第十三条 业主大会会议分为定期会议和临时会议。

业主大会定期会议应当按照业主大会议事规则的规定召开。经20%以上的业主提议,业主委员会应当组织召开业主大会临时会议。

经验分享

一、行政指导就是行政机关在其职责范围内为实现一定行政目的而采取的符合法律精神、原则、规则或政策的指导、劝告、建议等不具有国家强制力的行为。

二、本案中,街道办事处的行为在性质上属于行政指导行为,在法律法规没有明确规定的情况下,方式方法可以灵活变通。

29. 召开业主大会，可以用短信、微信等互联网方式投票吗？

◆ 场景

因物业服务合同已到期，江苏省南京市某小区业主委员会于2018年4月至5月组织召开业主大会，就是否续聘、选聘物业公司进行投票，经投票表决，户数占比、面积占比均过半业主投票决定选聘物业公司。2018年9月18日，业主委员会发布小区业主大会公开选聘物业服务企业"二选一"会议安排公告，于同年10月7日至10月19日投票评选，投票方式包括现场投票、志愿者上门征集投票及短信投票，××物业公司获得690票，户数占比及面积占比均过半。业主丁某等人认为，业主委员会召集业主大会采用的短信投票方式不符合规定，收集选票没有得到授权，选票真实性难以保证。

经查，小区业主大会议事规则规定："业主大会议事内容……（三）决定续聘、选聘、解聘物业服务企业的方案，审议和批准业主委员会拟签订的物业服务合同条款……选票、表决票的送达鉴于物业区域的实际情况，各业主同意属于下列情形之一的，均为选票、表决票已送达：（一）当面领取或送达，并由业主签收；（二）按照业主提供的联系地址及通信方式发送；（三）投入业主位于本物业区域内的信报箱或专有部分内;属于前款第(二)、(三)项情形的,应当由物业区域内2名以上的非业主大会会议筹备组(业主委员会)成员的业主的证明,并在物业区域内显著位置公告已发送情况……"

问题

本案中召开的业主大会可以用短信方式投票吗?

解析

可以。

一、法律、法规并不禁止使用短信方式进行投票。

二、本案中,小区的业主大会议事规则规定,选票、表决票可按照业主提供的通信方式发送。因此,通过短信投票的方式符合议事规则的规定。

三、近年来,很多地方明确规定可以采用电子投票方式进行投票,如《广州市业主决策电子投票暂行规则》规定,电子投票,是指以业主、业主大会采用市住房建设行政主管部门建立的业主决策电子投票系统(以下简称"投票系统"),对依法应当由业主共同决定的事项进行投票表决的活动。《深圳市物业管理电子投票规则》规定,电子投票,是指召集人组织业主通过市住房和建设部门建立的市物业管理信息平台中的市物业管理投票系统进行业主大会会议投票。北京市更是采用"北京业主"APP的线上投票方式组织业主投票。

四、需要注意的是,在没有相应规范性文件出台的地方,采用短信等方式投票,应当做到如下几点:一是在管理规约、业主大会议事规则中应当细致规定短信等方式投票的操作细节;二是注意实操中的业主信息采集、业主身份认证、投票信息保存等。

法条链接

《物业管理条例》

第十二条第一款　业主大会会议可以采用集体讨论的形式,也可以采用书面征求意见的形式;但是,应当有物业管理区域内专有部分占建筑物总面积过半数的业主且占总人数过半数的业主参加。

《北京市物业管理条例》

第三十五条第三款　业主大会会议可以采用书面形式或者通过互联网方式召开;采用互联网方式表决的,应当通过市住房和城乡建设主管部门建立的电子投票系统进行。

《深圳经济特区物业管理条例》

第二十六条第四款　业主大会会议可以采用书面形式或者通过互联网方式召开。

第二十六条第五款　业主大会会议采用互联网方式表决的,应

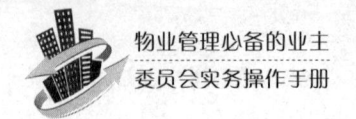

当通过市住房和建设部门建立的电子投票系统进行。

经验分享

一、电子投票方式是一种发展趋势，甚至生物技术也可能被逐渐引入，它具有便捷、高效、准确的特点，将来应该会被越来越多地应用。

二、在没有政策支撑的地区，如果选用电子投票方式，就要注意在自治管理文件中制定好相关的投票规则，按规则行事。同时要注意由于电子数据具有易变性、可复制性等特性，在没有政策、成套技术支持的情况下，可通过引入公证、多方参与、多方式保存等方式保证投票的真实性，避免引发业主质疑。

四、业主大会会议与业主议事制度

30. 产权车位面积应当计入建筑物专有部分面积吗?

◆ 场景

2021年12月18日,广东省广州市某小区业主委员会发出《小区第四次业主大会表决情况汇报》,主要内容是:"小区第四次业主大会关于'是否同意自管'的投票从2021年9月25日开始……投票结果如下:全小区总户数974户,总面积99690平方米,同意户数共748户,占总户数76.8%,占总面积73.24%;表决结果同意自管的户数与面积均已过半,业主委员会宣布同意自管的决议通过。"

业主陆某认为,地下车位也已经办理了相应的产权证。根据《最高人民法院关于审理建筑物区分所有权纠纷案件适用法律若干问题的解释》第二条规定,应当属于专有部分。该部分业主享有投票权。小区业主委员会发布的小区第四届业主大会表决情况,该汇报中的业主不包括地下车库的业主,小区业主委员会也承认没有向地下车库业主发表表决票,明显剥夺了其投票权。陆某请求法院撤销业主委员会于2021年12月18日作出的小区自管的决议。

本案诉讼过程中,法院向市规划和自然资源局发函查询小区内各专有部分单位的建筑面积及总建筑面积,根据该局的复函及提供

111

的产权登记查册信息，反映：……车位部分（广州市××区××街1号地下一层、二层）的建筑面积为3303.76平方米。

业主委员会答辩称，虽然车位可以办理产权证，但是住房和城乡建设部的文件——《业主大会和业主委员会指导规则》中明确表示业主大会有权决定是否将车位列入投票权，广东省住房和城乡建设厅明确表示车位不列入投票权，小区业主大会自第一届起便已经将车位不列入投票权，其合法有效。

法院认为，相关地下车位经房管部门登记有特定的产权人，均属于小区的配套设施。因此，地下车位应计入涉案小区建筑物专有部分面积。小区业主委员会辩称小区管理规约及业主大会议事规则中约定车位不应计入小区建筑面积，与《中华人民共和国民法典》《最高人民法院关于审理建筑物区分所有权纠纷案件适用法律若干问题的解释》第二条等法律、司法解释规定不符。业主委员会未通知相关地下车位业主在内的业主参与投票，因此，业主委员会召开业主大会会议的程序并不合法，因而其依据不合法的程序召开的业主大会会议所作出的表决结果也不具有效力。法院判决：撤销业主委员会于2021年12月18日作出的小区自管的决议。

问题

产权车位面积应当计入建筑物专有部分面积吗？

四、业主大会会议与业主议事制度

> 解析

应当计入。理由如下:

一、车位如果满足如下条件就应认定其为专有部分:(一)具有构造上的独立性,能够明确区分;(二)具有利用上的独立性,可以排他使用;(三)能够登记成为特定业主所有权的客体。涉案车位具有构造上的独立性,可排他使用,且登记有特定的产权人,应当认定为专有部分。地下车位可以且应当计入涉案小区建筑物专有部分面积。

二、既然上述车位应当计入专有部分面积,在召开业主大会会议时,业主委员会就应当一视同仁地通知相关业主。未通知该部分业主,即构成业主大会会议召开程序不合法,其产生的业主大会决议就相应失去了效力。

三、住房和城乡建设部《业主大会和业主委员会指导规则》在性质上属部门规章,相关规定不能与法律规定相抵触。"车位、摊位等特定空间是否计入用于确定业主投票权数的专有部分面积"不属于业主自治范畴,应由法律规定,而不能由业主大会在业主大会议事规则中约定。

> 法条链接

《中华人民共和国民法典》

第二百七十八条 下列事项由业主共同决定:

（一）制定和修改业主大会议事规则；

（二）制定和修改管理规约；

（三）选举业主委员会或者更换业主委员会成员；

（四）选聘和解聘物业服务企业或者其他管理人；

（五）使用建筑物及其附属设施的维修资金；

（六）筹集建筑物及其附属设施的维修资金；

（七）改建、重建建筑物及其附属设施；

（八）改变共有部分的用途或者利用共有部分从事经营活动；

（九）有关共有和共同管理权利的其他重大事项。

业主共同决定事项，应当由专有部分面积占比三分之二以上的业主且人数占比三分之二以上的业主参与表决。决定前款第六项至第八项规定的事项，应当经参与表决专有部分面积四分之三以上的业主且参与表决人数四分之三以上的业主同意。决定前款其他事项，应当经参与表决专有部分面积过半数的业主且参与表决人数过半数的业主同意。

《最高人民法院关于审理建筑物区分所有权纠纷案件适用法律若干问题的解释》

第二条　建筑区划内符合下列条件的房屋，以及车位、摊位等特定空间，应当认定为民法典第二编第六章所称的专有部分：

（一）具有构造上的独立性，能够明确区分；

（二）具有利用上的独立性，可以排他使用；

（三）能够登记成为特定业主所有权的客体。

规划上专属于特定房屋，且建设单位销售时已经根据规划列入该特定房屋买卖合同中的露台等，应当认定为前款所称的专有部分的组成部分。

本条第一款所称房屋，包括整栋建筑物。

《业主大会和业主委员会指导规则》

第二十五条第一款　业主大会应当在业主大会议事规则中约定车位、摊位等特定空间是否计入用于确定业主投票权数的专有部分面积。

经验分享

一、将构造上独立、可排他使用的产权车位计入建筑物专有部分面积，是法定规则。建筑区划内符合法律规定条件的车位、摊位等特定空间，是认定专有部分面积和建筑物总面积、认定业主人数和总人数所必须考虑的内容，相应业主享有法定的投票权。

二、规章、其他规范性文件的规定不能违反上述规则。《管理规约》《业主大会议事规则》也不能作出约定排除相关车位的投票权。

31. 没有过半数的业主提出异议就代表过半数业主同意了吗？

场景

北京市某小区前期物业服务合同到期后，业主委员会准备与前期物业公司续签合同，遂在小区张贴《关于物业服务合同续签意见征询公告》，因没有超过半数的业主到业主委员会提出异议，因此业主委员会就视为没有提异议的业主都同意了。随后，业主委员会与前期物业公司续签了《物业服务合同》，该合同的合同条款与之前的物业服务合同条款完全一致。

业主安某不认可业主委员会的做法，认为业主委员会续签物业服务合同的决定，违反了《中华人民共和国民法典》《物业管理条例》关于选聘和解聘物业服务企业须由全体业主共同决定的有关规定，违法剥夺了包括其在内的小区广大业主对小区事务的决定权，程序和决定均违法，依法应予以撤销。

问题

没有过半数的业主提出异议就代表过半数业主同意了吗？就代表全体业主做出了同意续签物业服务合同的决定吗？业主委员会的

四、业主大会会议与业主议事制度

决定是否应予以撤销？

解析

没有过半数的业主提出异议不代表过半数业主同意了，不代表全体业主做出了同意续签物业服务合同的决定，业主委员会的决定应予撤销。理由如下：

一、选聘物业服务企业，包括续签物业服务合同，都应当经业主共同决定。

二、本案中，业主委员会根本未组织召开业主大会会议就续签物业服务合同事宜进行表决。业主委员会张贴《关于物业服务合同续签意见征询公告》不具有召开业主大会会议的效果和效力。

三、默示表示必须有法律规定及事先提前约定。仅就业主对《关于物业服务合同续签意见征询公告》的反馈意见而言，没有超过半数的业主到业主委员会提出异议，那么其他超过半数的业主可能同意，也可能弃权，还有可能反对而未提出。业主委员会不能反推出过半数的业主已经同意了。

法条链接

《中华人民共和国民法典》

第二百七十八条　下列事项由业主共同决定：

（一）制定和修改业主大会议事规则；

（二）制定和修改管理规约；

（三）选举业主委员会或者更换业主委员会成员；

（四）选聘和解聘物业服务企业或者其他管理人；

（五）使用建筑物及其附属设施的维修资金；

（六）筹集建筑物及其附属设施的维修资金；

（七）改建、重建建筑物及其附属设施；

（八）改变共有部分的用途或者利用共有部分从事经营活动；

（九）有关共有和共同管理权利的其他重大事项。

业主共同决定事项，应当由专有部分面积占比三分之二以上的业主且人数占比三分之二以上的业主参与表决。决定前款第六项至第八项规定的事项，应当经参与表决专有部分面积四分之三以上的业主且参与表决人数四分之三以上的业主同意。决定前款其他事项，应当经参与表决专有部分面积过半数的业主且参与表决人数过半数的业主同意。

经验分享

一、业主委员会不能投机取巧，更不能漠视业主的应有权利。

二、在法律上，"视为同意"的认定有效的标准比"视为同意多数意见"更加严格。

四、业主大会会议与业主议事制度

32. 未投票的业主票权数能计入多数票吗？

场景

2017年12月8日，湖南省长沙市某小区业主委员会发布《召开业主大会的公告》，就是否同意选聘新物业服务企业议题进行表决。此后，小区业主委员会通过在楼道内张贴送达名单等形式送达选票并注明"在投票截止日期前仍未反馈表决意见的，其投票权数将计入已表决的多数票"。

2017年12月23日，小区业主委员会在街道办事处进行了开箱验票、唱票的统计工作，经统计收到选票755张，其中选聘物业服务企业的同意票631张，不同意票89张，无效票35张。2018年1月3日，小区业主委员会发布《小区第一次业主大会会议表决结果》，同意选聘小区新物业服务企业的人数票620票占已投有效票权数的88.2%，面积68465.16平方米占已投有效票权数的87.9%，同时根据《业主大会和业主委员会指导规则》第二十六条及《小区议事规则》第十四条的规定，将未参与表决的人数票585票、面积票65966.16平方米计入已表决的多数票后，同意选聘新物业服务企业的最终人数票为1205票，面积票为134431.32平方米，分别占专有面积人数票93.6%，面积票93.4%，通过选聘小区新物业服务企业的表决事项。

另经查明,《小区议事规则》第十四条规定,在规定投票期内,未投票的业主,其投票权数将计入已表决的多数票。

易某、宋某等业主认为,其投弃权票的权利被《小区议事规则》剥夺而强行计入已表决的多数票,遂以业主委员会的选聘决定没有经过占建筑物总面积过半数的业主且占总人数过半数的业主同意为由,向法院提起诉讼,请求撤销小区业主委员会的选聘决定。

问题

未投票的业主票权数能计入多数票吗?易某、宋某等业主的投票权被剥夺了吗?

解析

未投票的业主票权数可以计入多数票,易某、宋某等业主的投票权没有被剥夺。理由如下:

一、案例中的《小区议事规则》中已有明确规定,即在规定投票期内,未投票的业主,其投票权数将计入已表决的多数票,且该《小区议事规则》已经过全体业主表决通过,合法有效。

二、《小区议事规则》的上述约定与目前法律法规不冲突,符合《业主大会和业主委员会指导规则》的相关规定。

三、该小区关于选聘新物业服务企业的计票结果,应当记为:

四、业主大会会议与业主议事制度

同意选聘新物业服务企业的人数票为 1205 票，面积票为 134431.32 平方米，分别占专有面积人数票 93.6%，面积票 93.4%。

四、易某、宋某等业主如果在投票期限内不投票，将被计入业主大会会议最终的多数决中，即如果赞成票的是多数，将计入赞成票。同理，也可能被计入反对票。如果表决票同时设计了弃权票，而弃权票是多数，那么该等业主的投票将被计入弃权票。所以，易某、宋某等业主的投票权没有被剥夺。

法条链接

《业主大会和业主委员会指导规则》

第二十六条 业主因故不能参加业主大会会议的，可以书面委托代理人参加业主大会会议。

未参与表决的业主，其投票权数是否可以计入已表决的多数票，由管理规约或者业主大会议事规则规定。

经验分享

一、"已送达的表决票，业主在规定的时间内不反馈意见或者不提出同意、反对、弃权意见的，视为反馈有效票中多数业主的意见"的类似规定，可以有效解决业主参与度低的问题。

二、上述规定必须在经业主大会决议表决通过的《业主大会议事规则》中加以规定,方可有效。

三、为确保合法性,《业主大会议事规则》应对上述条款作显著提示。

33. 投票过程中存在虚假投票，将导致整个投票均无效吗？

场景

广州市越秀区某小区筹备成立业主大会，选举业主委员会。业主江某将业主委员会起诉至法院，请求法院撤销业主大会决议。江某提出有21名业主的投票统计虚假，并向法院提供了21名业主的《声明》及证人余某的证言作为证据。经查，该21名业主均未在公示期间对投票结果提出异议；除××铺业主余某出庭作证外，其余20名出具《声明》的业主均未出庭作证。经核算，即便剔除该21名业主的票权数，其余投同意票的业主专有部分占建筑物总面积仍过半数且占总人数过半数。江某则认为，有一名业主被证明是虚假投票，本次投票均属无效，况且有二十余名业主的投票是虚假投票。

问题

投票过程中只要存在虚假投票，就会导致整个投票均无效吗？

123

解析

不是的。

一、如果有确凿证据证明在业主大会会议的投票中，有的业主没有投票而被计入了，或者属虚假投票，那么，仅应剔除虚假的部分，其余的仍应有效。

二、证人证言作为证据，一般要求证人出庭作证。本案中，20名出具《声明》的业主均未出庭作证，相关证据应为无效证据。

法条链接

《最高人民法院关于民事诉讼证据的若干规定》

第六十八条　人民法院应当要求证人出庭作证，接受审判人员和当事人的询问。证人在审理前的准备阶段或者人民法院调查、询问等双方当事人在场时陈述证言的，视为出庭作证。

双方当事人同意证人以其他方式作证并经人民法院准许的，证人可以不出庭作证。

无正当理由未出庭的证人以书面等方式提供的证言，不得作为认定案件事实的根据。

📝 经验分享

虚假投票与投票无效是两个概念。只有当虚假投票达到一定比例，即导致某项决议的同意票数不足人数或/和面积数的一半时，关于该项决议的投票才归于无效。

34. 同一业主对同一事项先后作出不同意见，应以哪个意见为准？

场景

重庆市某小区物业公司向业主委员会发函（即《关于上调物业服务费及签订物业服务合同的工作联系函》），称因运营成本增加，结合物价上涨等因素，拟从 7 月起对物业服务费做适当调整，恳请业主委员会协助召开业主大会，物业公司待业主大会的决议商议物业服务合同签订等有关事宜。后业主委员会委托物业公司采用书面征求意见的形式征求业主意见。经计票：同意调价的 882 户占总户数 1564 户的 56.3%，同意户数合计建筑面积 80713.89 平方米占总建筑面积 148717.26 平方米的 54%。

后段某等 4 人向法院提起对业主委员会的诉讼。业主委员会提交了 800 多张业主签字的确认函。段某等 4 人也提交了 800 多张业主签名的《征求表》，其中包括段某等在内的多名业主在《征求表》中的意见与此前的确认函意见相反。开庭时段某称，其之前在确认函上签字时"不知道是涨价同意签字"。

四、业主大会会议与业主议事制度

问题

对于类似段某的业主对同一事项先后作出不同意见,应以哪个意见为准?

解析

如果同为同一业主的真实签字,应以在先的意见为准。

一、对于如本案的情况,同一业主对同一事项先后作出不同的意见,到底应以哪个为准?目前法律、法规并没有明确规定。但是根据民法中的诚实信用原则,以及有些国家法律规定的"禁止反言"原则,应当采纳时间在先的意见。

二、上述原则有一例外,就是有证据证明在先的意见是业主受到欺诈、胁迫的情况下作出的,此时的意见就不能采纳了。

三、本案中,应当认可业主委员会举示的时间在先的确认函的证据效力。

法条链接

《中华人民共和国民法典》

第七条 民事主体从事民事活动,应当遵循诚信原则,秉持诚实,恪守承诺。

经验分享

一、同一业主先后作出不同意见的,在无证据证实其受到欺诈、胁迫的情况下,应以首次意见为准。

二、为减少不必要的矛盾纠纷,业主应当恪守诚信原则,不宜出尔反尔。

三、可以考虑在《业主大会议事规则》中,或者业主委员会组织召开业主大会会议时制定的有关文件中,对本案的情况作出如何处理的约定。

35. 业主大会议题公示阶段未公示，该议题表决并通过后可否请求撤销？

🔷 场景

2019年1月7日，北京市某业主委员会发布《关于召开第五次业主大会的公告》，载明：本小区业主委员会决定召开第五次业主大会，会期一个月，可根据情况延长时间。会议内容：……通过小区新的《管理规约》《议事规则》《业主手册》和2019年物业管理预算；另外还有其他几项议题。

2019年3月6日，业主委员会发布《小区第五次业主大会会议决议公告》，载明：本小区的表决票权数为1187户，投票总面积为180170平方米，本次决议共计收到表决票756张，其中有效票748张，废票8张，会议表决结果如下：……（8）通过新的小区《管理规约》，票数713张，占比60.07%，面积106837平方米，占比59.3%；（9）通过新的小区《议事规则》，票数712张，占比59.98%，面积106632平方米，占比59.18%；（10）通过新的小区《业主手册》，票数714张，占比60.15%，面积106944平方米，占比59.36%……均达到赞成票双过半的法定要求，予以通过……通过了本小区的《管理规约》《议事规则》《业主手册》。

刘某将业主委员会诉至法院，提出诉讼请求：撤销北京市某小区业主委员会公告的"小区第五次业主大会会议决议"。理由包括：业主委员会未就有关筹备召开第五次业主大会的会议议题进行公告，业主委员会会议结果未公告，导致刘某无法查询和监督，无法提出意见等。

经调查，在议题公示阶段，并未将《管理规约》《议事规则》《业主手册》修改后的内容进行公示。

法院认为，按照规定，召开业主大会会议的，业主委员会应当于会议召开十五日前通知全体业主，将会议议题及其具体内容、时间、地点、方式等在物业管理区域内显著位置公示，并报物业所在地的居民委员会、村民委员会。居民委员会、村民委员会应当派代表列席会议。业主大会会议不得就已公示议题以外的事项进行表决。本案中，业主委员会组织召开了第五次业主大会，但是在会议的召开过程中存在以下问题：首先，对于第五次业主大会决议中的第八项、第九项、第十项决议"通过新的小区《管理规约》""通过新的小区《议事规则》""通过新的小区《业主手册》"，在议题公示阶段，并未将修改后的内容进行公示，业主无法得知修改的具体内容。故第五次业主大会的第八项、第九项、第十项决议存在违反法律、法规规定和侵害业主权益的情形，应当予以撤销。

问题

业主大会议题公示阶段未公示，该议题表决并通过后可否请求撤销？

解析

业主有权申请撤销。

一、业主委员会未公示议题具体内容的行为侵犯了业主的合法权益。业主委员会不仅应当公示业主大会会议的议题,还应当将议题的具体内容进行公示。本案中,《管理规约》《议事规则》《业主手册》修改的内容,不可能通过在一张表决票中的议题表述充分表现出来,所以具体如何修改,必须在议题公示阶段向全体业主进行公示,保障业主的知情权。本案中,在业主大会会议议题公示阶段未公示上述内容,所以,业主无法得知修改的具体内容。

二、议题具体内容不仅要向全体业主公示,法律法规对于公示时间也有具体要求,即应当提前15日公示公告。

三、《北京市物业管理条例》规定,业主大会会议不得就已公示议题以外的事项进行表决。反过来说,没有公示则不得表决,即便表决也是存在瑕疵的。要求业主大会会议的议题应当提前公示,就是要保障业主的知情权,否则,业主甚至连议题是什么内容都不清楚,就被要求进行表决,无疑会损害业主权益。

法条链接

《物业管理条例》

第十四条 召开业主大会会议,应当于会议召开15日以前通知全体业主。

住宅小区的业主大会会议,应当同时告知相关的居民委员会。

业主委员会应当做好业主大会会议记录。

《北京市物业管理条例》

第三十五条第四款、第五款 召开业主大会会议的,业主委员会应当于会议召开十五日前通知全体业主,将会议议题及其具体内容、时间、地点、方式等在物业管理区域内显著位置公示,并报物业所在地的居民委员会、村民委员会。居民委员会、村民委员会应当派代表列席会议。

业主大会会议不得就已公示议题以外的事项进行表决。

经验分享

组织业主大会会议应当提前十五日向全体业主进行公示。对于议题内容较为复杂的,更应当提前公示给全体业主,让业主充分了解议题的具体内容。

36.《业主大会议事规则》新示范文本发布后,小区原先通过的《业主大会议事规则》还有效吗?

场景

上海市某小区于 2008 年选举产生了业主委员会,并通过了小区《业主大会议事规则》。2017 年,业主委员会就更换物业公司组织业主进行投票表决,最终通过了重新公开选聘物业公司的决议,并做出《关于终止与××物业公司合作、重新公开选聘物业公司的公告》。本次投票依据的是业主大会根据 2008 年的示范文本制定的议事规则。

业主孙某认为,根据 2015 年原上海市住房保障和房屋管理局《关于印发〈业主大会议事规则〉等四个示范文本的通知》(以下简称《通知》),制定了新的《业主大会议事规则》示范文本,所以小区的议事规则已因《通知》的出台而失效,依据该议事规则得出的表决结果及之后做出的《关于终止与××物业公司合作、重新公开选聘物业公司的公告》均无效。

问题

政府部门重新制定或修订《业主大会议事规则》示范文本后,

小区原先通过的业主大会议事规则还有效吗?

解析

仍然有效。

一、小区的《业主大会议事规则》是在2008年依据相关物业管理法律法规的规定,经业主大会表决通过的,程序合法,通过的《业主大会议事规则》合法有效,对全体业主均具有约束力。

二、2015年相关政府部门印发的《通知》虽公布了新的示范文本,但《通知》并非强制性法律法规,在小区未召开业主大会讨论并通过新的议事规则的情况下,小区2008年制定的《业主大会议事规则》依然有效。

三、业主委员会召开业主大会、就小区物业公司更换等重大事项进行的表决、投票、计票、公告等事项,仍应以小区2008年制定的《业主大会议事规则》为准。

法条链接

《中华人民共和国民法典》

第二百七十八条第一款第一项 下列事项由业主共同决定:

(一)制定和修改业主大会议事规则;

《物业管理条例》

第七条第一项 业主在物业管理活动中，履行下列义务：

（一）遵守管理规约、业主大会议事规则；

第十三条第二款 业主大会定期会议应当按照业主大会议事规则的规定召开。经 20% 以上的业主提议，业主委员会应当组织召开业主大会临时会议。

第十八条 业主大会议事规则应当就业主大会的议事方式、表决程序、业主委员会的组成和成员任期等事项作出约定。

经验分享

《业主大会议事规则》只要不违反法律的强制性规定，一经制定，便对全体业主具有约束力，且不因政府部门示范文本的更新而失效。

37.《业主大会议事规则》中在一定条件下限制业主投票权的有关规定违法吗？

场景

何某系湖北省武汉市某小区的业主，因不满小区的物业服务，故暂未缴纳物业服务费。小区业主大会于 2018 年 8 月 17 日通过《业主大会议事规则》，其中第十三条（业主投票权的确定）中第四段约定"业主拒付物业服务费、不交存维修资金的，不享有业主大会会议上的投票权"。何某认为，该约定违反了《中华人民共和国物权法》第七十条[①]和《物业管理条例》第六条等规定，侵犯了其合法权益，故将业主委员会诉至法院，请求：（1）依法撤销被告于 2018 年 8 月 17 日通过的《业主大会议事规则》第十三条（业主投票权的确定）中"业主拒付物业服务费、不交存维修基金的，不享有业主大会会议上的投票权"的决定；（2）本案的诉讼费由被告承担。被告辩称，《业主大会议事规则》的作出完全合法，不存在违法违规之处，该规则第十三条的约定是对侵害小区公共利益的部分业主权利进行适当限制，亦是小区广大业主自治意思的充分体现。

---

① 《中华人民共和国物权法》已于 2021 年 1 月 1 日起失效，相关条文见《中华人民共和国民法典》第二百七十一条。

四、业主大会会议与业主议事制度

问题

《业主大会议事规则》中在一定条件下限制业主投票权的有关规定违法吗?

解析

不违法。

一、权利和义务相一致。法律在规定业主专有部分所有权时,既认可业主对建筑物内的住宅、经营性用房等专有部分享有所有权,业主对专有部分以外的共有部分享有共有和共同管理的权利,同时又规定,业主对建筑物专有部分以外的共有部分享有权利,承担义务;不得以放弃权利不履行义务。业主行使共同管理权利与义务也是相一致的。

二、如果《业主大会议事规则》是经全体业主投票表决通过的,制定程序亦无违法之处,则是合法有效的,该规则对全体业主产生拘束力。法律法规也明确规定业主有遵守《业主大会议事规则》的义务。

三、《业主大会议事规则》第十三条(业主投票权的确定)第四款"业主拒付物业服务费用、不交存维修资金的,不享有业主大会会议上的投票权"的规定,是对未履行缴纳物业服务费和维修资金义务的业主行使共同管理权的适当限制,系该小区全体业主的真实意思表示，并进行了公示公告，符合法律、行政法规的规定，全体业主应当遵守该议事规则的规定。

法条链接

《中华人民共和国民法典》

第二百七十八条第一款第一项 下列事项由业主共同决定：

（一）制定和修改业主大会议事规则；

《物业管理条例》

第七条第一项 业主在物业管理活动中，履行下列义务：

（一）遵守管理规约、业主大会议事规则；

经验分享

业主应当逐步建立遵守《业主大会议事规则》《业主管理规约》等习惯，业主委员会也应当加强这方面的宣传、告知工作。

38.《业主大会议事规则》对业主委员会成员年龄进行限制违法吗？

场景

严某系上海市静安区某小区业主。2017年1月13日，经过前期准备，小区召开业主大会，会议审议通过了《管理规约》《专项维修资金管理规约》，选举产生新一届业主委员会成员。选举结果于2017年1月19日进行了公告。新一届业主委员会于2017年1月17日持《业主大会会议记录》、《会议决定》、《业主大会议事规则》、《管理规约》、业主委员会成员登记表、业主委员会换届备案表等材料向街道办事处进行备案。街道办事处对新一届业主委员会予以备案，出具《业主大会、业主委员会备案证》。

严某认为，备案的《业主大会议事规则》限制业主委员会成员年龄条件导致违法剥夺了部分业主的被选举权，街道办事处未对新一届业主委员会的主体合法性进行审查等，故请求法院撤销街道办事处的备案。街道办事处辩称，其依法履行备案职责，请求驳回严某的诉讼请求。

139

问题

《业主大会议事规则》对业主委员会成员年龄进行限制违法吗?

解析

不违法。

一、《业主大会议事规则》由业主大会会议讨论通过,属于小区业主的自治行为,且限定业主委员会成员年龄条件并不违反相关法律、法规的规定。因此,《业主大会议事规则》限制业主委员会成员年龄条件不违法。

二、业主委员会向街道办事处提交业主委员会换届备案表、《业主大会会议记录》、《会议决定》、《业主大会议事规则》等材料,申请备案。街道办事处依据《上海市住宅物业管理规定》进行审查,符合条件予以备案,并无不当。

法条链接

《上海市住宅物业管理规定》

第二十三条 业主委员会自选举产生之日起三十日内,持下列文件向乡、镇人民政府或者街道办事处备案:

(一)业主大会会议记录和会议决定;

四、业主大会会议与业主议事制度

（二）业主大会议事规则；

（三）管理规约；

（四）专项维修资金管理规约；

（五）业主委员会委员的名单、基本情况和书面承诺；

（六）业主委员会委员的培训记录。

乡、镇人民政府或者街道办事处对依法选举产生的业主委员会出具业主大会、业主委员会备案证明和印章刻制证明。备案证明应当载明业主大会名称，业主委员会名称、届别、任期、负责人和办公地址。

业主委员会应当依法刻制和使用印章。印章印文中应当包含业主委员会名称以及届别。

经验分享

在法律、法规强制性规定之外，业主可以自主决定自治范围事项，并在《业主大会议事规则》中进行约定。

五、业主委员会运行及业主共同决定事项

本章提要： 业主委员会选举产生后，如何运行以及如何组织业主共同决定有关事项，是非常重要的课题。本章就业主委员会成员资格、业主委员会换届、业主共同决定签订物业服务合同等，列举典型案例，分析其中重要问题。

39. 个别成员不具备成员资格是否影响业主委员会组成的合法性？

场景

广东省梅州市某业主委员会于2018年4月成立，共由9名成员组成。因不满小区附近一处饭店的卫生、消防等状况，业主委员会于2019年1月15日召开业主委员会会议，并形成业主委员会会议纪要一份，载明业主委员会决定以侵权之诉对饭店提起民事诉讼。会议纪要空白处由业主委员会9名成员代表签名。

饭店方认为，业主委员会中有1名成员不具备合法的业主身份，其不属于相关房屋的产权登记人，且其居住的房屋已经实际登记于他人名下，故业主委员会组成人员不符合法律规定，不合法的业主委员会所形成的决议亦是无效的。

问题

个别成员不具备成员资格是否影响业主委员会组成的合法性？

五、业主委员会运行及业主共同决定事项

解析

不影响。

一、业主委员会成员应当具有业主身份,本案中一名业主委员会成员已不具备业主身份,当然就不能再作为业主委员会成员。

二、当业主委员会出现缺额情况时,应当通过候补成员递补、增选等方式及时补足,但并非一旦出现缺额,业主委员会组成本身就不合法了。

三、业主委员会会议应有过半数的成员出席,作出的决定必须经全体成员半数以上同意。本案中,业主委员会作出的有关决议,仅有其中一名业主委员会成员不符合业主委员会成员资格,其他业主委员会成员均出席会议并作出一致意见,因此,业主委员会的决议仍然是有效的。

法条链接

《业主大会和业主委员会指导规则》

第三十一条 业主委员会由业主大会会议选举产生,由5至11人单数组成。业主委员会委员应当是物业管理区域内的业主,并符合下列条件:

(一)具有完全民事行为能力;

(二)遵守国家有关法律、法规;

（三）遵守业主大会议事规则、管理规约，模范履行业主义务；

（四）热心公益事业，责任心强，公正廉洁；

（五）具有一定的组织能力；

（六）具备必要的工作时间。

第三十八条 业主委员会会议由主任召集和主持，主任因故不能履行职责，可以委托副主任召集。

业主委员会会议应有过半数的委员出席，作出的决定必须经全体委员半数以上同意。

业主委员会委员不能委托代理人参加会议。

经验分享

一、由于业主委员会需要全体成员半数以上同意才能作出决定，如本案空缺一名成员的情况尚不影响业主委员会正常作出决定，但当缺额过半，在法律上，业主委员会就无法形成有效决议了。

二、业主委员会选举时，一方面要利用好成员候补制度，另一方面要及时组织增补。

40. 镇政府有权张贴公告停止业主委员会成员资格吗?

场景

江苏省盐城市某小区筹备召开换届选举业主委员会期间,郭甲携载有房屋所有权人为其本人的房屋所有权证明复印件成为筹备小组的成员,并被推选为业主委员会成员、业主委员会主任。

其后,小区业主蔡某等人向小区业主委员会、社区居委会提案,认为郭甲提供给小区业主大会筹备组的房产证复印件是伪造的,要求终止郭甲的业主委员会成员和业主委员会主任的资格,并向物管办、镇政府举报相关事实。镇政府在接到举报后,查实郭甲在业主委员会换届选举当时不是小区××号楼×××室的业主,其报名时提供的房产证反映的不是真实情况[房屋的所有权人为郭乙(系郭甲之子),上述房屋的所有权人于一年后变更登记为郭乙、郭甲、王某,郭乙占有99%的产权,郭甲、王某占有1%的产权]。在与郭甲谈话要求其交出小区业主委员会公章郭甲不予配合的情况下,镇政府作出《关于小区物业管理重要事项公告》并在小区内张贴,内容涉及停止郭甲代表小区业主委员会成员、业主委员会主任等一切活动。

郭甲将镇政府诉至法院称,镇政府作出该公告程序违法,与客观事实不符,请求法院判决确认镇政府作出《关于小区物业管理重

147

要事项公告》的行政行为违法。

问题

镇政府有权张贴公告停止郭甲的业主委员会成员资格吗?

解析

没有该权利。

一、选举业主委员会或者更换业主委员会成员由业主共同决定。业主委员会成员的罢免属于业主大会自治范围内的事项。本案中,镇政府无权决定停止郭甲业主委员会成员、业主委员会主任等活动及其他有关事项。《关于小区物业管理重要事项公告》应予撤销。

二、镇政府对业主大会、业主委员会的活动负有监督、指导的职责,其可督促业主委员会召开业主大会会议讨论处理郭甲的业主委员会成员资格问题,但无权直接停止或罢免郭甲的业主委员会成员资格。

法条链接

《中华人民共和国民法典》

第二百七十八条 下列事项由业主共同决定:

五、业主委员会运行及业主共同决定事项

（一）制定和修改业主大会议事规则；

（二）制定和修改管理规约；

（三）选举业主委员会或者更换业主委员会成员；

（四）选聘和解聘物业服务企业或者其他管理人；

（五）使用建筑物及其附属设施的维修资金；

（六）筹集建筑物及其附属设施的维修资金；

（七）改建、重建建筑物及其附属设施；

（八）改变共有部分的用途或者利用共有部分从事经营活动；

（九）有关共有和共同管理权利的其他重大事项。

业主共同决定事项，应当由专有部分面积占比三分之二以上的业主且人数占比三分之二以上的业主参与表决。决定前款第六项至第八项规定的事项，应当经参与表决专有部分面积四分之三以上的业主且参与表决人数四分之三以上的业主同意。决定前款其他事项，应当经参与表决专有部分面积过半数的业主且参与表决人数过半数的业主同意。

《业主大会和业主委员会指导规则》

第四十三条 有下列情况之一的，业主委员会委员资格自行终止：

（一）因物业转让、灭失等原因不再是业主的；

（二）丧失民事行为能力的；

（三）依法被限制人身自由的；

（四）法律、法规以及管理规约规定的其他情形。

149

经验分享

一、业主委员会成员资格本质上属于业主自治范畴内的事项，政府无权直接罢免业主委员会成员资格。即便政府接到业主投诉或者要求罢免、终止某业主委员会成员资格，政府也无此权利。

二、如果业主要求政府履行"直接罢免业主委员会成员资格"的"职责"，政府拒绝的，不构成不作为。

41. 什么情况下业主委员会成员资格终止？

场景

苏州市某小区业主委员会产生后，经国土部门与社区工作部门核实后认为，有的成员书面辞职，有的成员已卖房，业主委员会成员人数已不足一半。因此，某国土房产局向社区工作委发出《指导意见》，内容为："经核实，小区业主委员会成员人数已不足总数的二分之一，根据《苏州市住宅区物业管理条例》第十九条[①]规定，业主委员会委员缺额人数超过业主委员会委员半数以上的，应当召开业主（代表）大会重新选举。《业主大会和业主委员会指导规则》第五十八条规定，因客观原因未能选举产生业主委员会或者业主委员会委员人数不足总数的二分之一的，新一届业主委员会产生之前，可以由物业所在地的居民委员会在街道办事处、乡镇人民政府的指导和监督下，代行业主委员会的职责。请社区工作委根据上述规定做好指导和监督工作。"

次日，社区工作委在小区张贴《告业主书》，内容为："经核实，

[①] 2021年10月25日修订的《苏州市住宅区物业管理条例》第二十条第三款规定："业主委员会成员出缺时，从候补成员中按照得票顺序依次递补为业主委员会成员。递补后缺额人数仍超过业主委员会成员半数的，镇人民政府（街道办事处）应当组织召开业主大会会议，重新选举业主委员会。"

小区业主委员会成员人数已不足总数的一半,根据国土房产局的《指导意见》,在小区新一届业主委员会产生之前,由社区居民委员会代行业主委员会职责。"社区工作委将国土房产局的《指导意见》一并张贴于小区内。

业主田某认为,首先,业主委员会成员人数从未不足半数。其次,根据《苏州市住宅区物业管理条例》的规定,业主委员会委员辞职,应当提前两个月向业主(代表)大会会议提出书面辞呈,并经业主委员会决定中止委员资格,且提请业主(代表)大会审议决定终止资格。[①] 本案中,小区业主委员会成员并未按上述规定终止委员资格,不应产生辞职的法律效力。可见,国土房产局、社区工作委错误认定了委员资格,社区工作委作出的《告业主书》侵犯了其合法权益。

问题

本案中,业主委员会成员资格终止了吗?什么情况下业主委员会成员资格终止?

[①] 2021年10月25日修订的《苏州市住宅区物业管理条例》第二十条第二款规定:"业主委员会成员辞职,应当向业主大会或者业主委员会提出书面辞呈。"第二十六条规定:"有下列情形之一的,业主委员会成员资格自行终止:(一)不再是本物业管理区域业主的;(二)丧失民事行为能力的;(三)以书面形式向业主大会或者业主委员会提出辞职的;(四)法律、法规和业主大会议事规则、管理规约规定的其他情形。"

解析

出售物业、成员辞职均会导致业主委员会成员资格终止。

一、业主委员会成员首先应当具备业主身份。因物业转让、灭失等原因不再是业主的，业主委员会成员资格自行终止。

二、业主委员会成员是一种身份法律关系，当选后的业主委员会成员通过辞职方式放弃这种身份关系，也是可以的，也就发生了成员资格终止的法律效力，就不能再继续履行成员职责。

三、案例中提到的《苏州市住宅区物业管理条例》有关"业主委员会成员辞职应当提前两个月向业主（代表）大会会议提出书面辞呈"的规定，属于管理性规定。但并不代表如果不遵照这一方式辞职，就不发生辞职的效力。

法条链接

《业主大会和业主委员会指导规则》

第四十三条 有下列情况之一的，业主委员会委员资格自行终止：

（一）因物业转让、灭失等原因不再是业主的；

（二）丧失民事行为能力的；

（三）依法被限制人身自由的；

（四）法律、法规以及管理规约规定的其他情形。

第四十四条 业主委员会委员有下列情况之一的，由业主委员会三分之一以上委员或者持有20%以上投票权数的业主提议，业主大会或者业主委员会根据业主大会的授权，可以决定是否终止其委员资格：

（一）以书面方式提出辞职请求的；

（二）不履行委员职责的；

（三）利用委员资格谋取私利的；

（四）拒不履行业主义务的；

（五）侵害他人合法权益的；

（六）因其他原因不宜担任业主委员会委员的。

《苏州市住宅区物业管理条例》

第二十条第二款 业主委员会成员辞职，应当向业主大会或者业主委员会提出书面辞呈。

经验分享

一、可引发业主委员会成员资格终止的情形比较多，除了本案中的出售物业、辞职情形外，业主委员会成员不符合有关法律法规规定的任职条件的，也可发生成员资格终止。

二、对于正常任职的业主委员会成员，业主也可共同决定罢免成员以终止其任职资格。

42. 业主委员会会议最低需多少人参会？

场景

山东省青岛市某小区设有业主委员会，业主委员会原有成员5人。2017年5月15日，小区多户业主（超过业主总数的50%）联名向街道办事处提交《小区业主要求罢免业主委员会的申请》，要求街道办事处组织小区全体业主投票，罢免现业主委员会成员。街道办事处经调查研究后，决定召开小区业主大会临时会议，就小区20%以上业主提出罢免业主委员会组成人员提议事宜，以入户书面签字的方式征求业主意见。

2017年7月15日，小区业主委员会召开会议，有3名成员参加，会议形成决议：对街道办事处提起行政诉讼，诉讼费用和聘请律师的费用从房屋租金中支出。会后，业主委员会未将该次会议的内容向全体业主公告，也未召开业主大会进行表决，即提起对街道办事处的诉讼。

街道办事处认为，根据《山东省物业管理条例》的规定，业主委员会会议应当有三分之二以上成员出席，作出决定时应经全体成员过半数同意，业主委员会做出的决定，应当以书面形式在物业服务区域内公告。业主委员会会议记录显示，该会议未经三分之二以上成员出席，所作决议也未以书面形式在物业服务区域内公告，不符合法定要件，应视为业主委员会未作出决定。

155

问题

业主委员会会议最低需多少人参会？

解析

一、按照《业主大会和业主委员会指导规则》的规定，业主委员会会议应有过半数的委员出席，作出的决定必须经全体委员半数以上同意。按照《山东省物业管理条例》的规定，业主委员会会议应当有三分之二以上成员出席，作出决定时应当经全体成员过半数同意。

二、本案发生在山东省，应当按照《山东省物业管理条例》的相关规定执行，即业主委员会会议应当有三分之二以上成员出席，作出决定时应当经全体成员过半数同意。本案中，业主委员会会议由其中3名成员参加，未能达到三分之二以上成员出席会议的要求，不能代表业主委员会的意志。业主委员会共有5名成员，应最低4名成员出席会议、最低3名成员同意的决议方为有效。

法条链接

《业主大会和业主委员会指导规则》

第三十八条　业主委员会会议由主任召集和主持，主任因故不能履行职责，可以委托副主任召集。

业主委员会会议应有过半数的委员出席，作出的决定必须经全体委员半数以上同意。

业主委员会委员不能委托代理人参加会议。

《山东省物业管理条例》

第三十二条 业主委员会应当按照业主大会的决定及议事规则召开会议。

业主委员会会议由主任或者执行成员负责召集，可以邀请社区居民委员会派人参加会议。

业主委员会会议应当有三分之二以上成员出席，作出决定时应当经全体成员过半数同意。

业主委员会应当自业主大会、业主委员会作出决定之日起三日内，将业主大会、业主委员会的决定以书面形式在物业服务区域内公告。

业主可以查阅业主委员会会议资料，并有权就涉及自身利益的事项向业主委员会提出询问，业主委员会应当予以答复。

经验分享

一、从全国范围来看，业主委员会会议要求的出席人数大致分为两类，一类是如本案中山东省，要求有三分之二以上成员出席；另一类是要求有过半数的成员出席。

二、从目前来看，作出业主委员会的决定须经全体成员半数以上成员同意。

三、从目前来看，都不允许业主委员会成员委托他人参加业主委员会会议。

五、业主委员会运行及业主共同决定事项

43. 超过三分之一的成员反对，业主委员会就不能作出任何决议了吗？

场景

福建省厦门市某小区业主委员会于2009年8月选举产生，以该业主委员会名义在街道办事处备案登记了小区《管理规约》《业主委员会章程》《业主大会议事规则》三份文件。其中，《业主大会议事规则》第二章第三节"业主大会会议"载明："……有下列情况之一的，业主委员会应当及时组织召开业主大会临时会议：1.20%以上业主提议召开业主大会临时会议的……"，第三章第二节"业主委员会的会议"载明："经三分之一以上成员提议或主任、副主任提议，可随时召开临时会议……业主委员会每一成员具一票会议表决权，业主委员会通过任何决定，都必须有二分之一以上的成员表决同意同时反对的成员不得超出三分之一"。"章程"第三节载明："经三分之一成员提议或主任、副主任提议，可随时召开临时会议"。

后业主委员会就物业招投标、修改《管理规约》及《业主大会议事规则》等问题召开了一系列的业主委员会会议，并形成会议纪要。马某（曾任业主委员会秘书）称，业主委员会会议纪要均有孙某等逾三分之一委员明确表示不同意发布，会议纪要应属非法且无效，应当撤销。

业主委员会辩称，不认可马某的说法。《业主大会议事规则》中"业主委员会通过任何决定，反对成员不得超过三分之一"的规定，违反《业主大会和业主委员会指导规则》第三十八条的规定，应属无效。业主委员会中孙某等三位成员故意采取消极不出席的做法，致使业主委员会长期无法正常工作。在此情形下，为了大多数业主的利益，业主委员会不得已而形成会议纪要。

问题

本案中，超过三分之一的成员反对，业主委员会就不能作出任何决议了吗？有关业主委员会通过决定的要求是否合法？

解析

一、按照《业主大会和业主委员会指导规则》的规定，业主委员会会议应有过半数的委员出席，作出的决定必须经全体委员半数以上同意。该指导规则没有规定"反对成员不得超过三分之一"。

二、本案中《业主大会议事规则》规定"业主委员会通过任何决定，都必须有二分之一以上的成员表决同意同时反对的成员不得超出三分之一"，不违反上述《业主大会和业主委员会指导规则》的规定。应理解为，是在上述规定的基础上又提出了更严格的规定，即多了一个三分之一成员的否决权。

五、业主委员会运行及业主共同决定事项

三、只要上述《业主大会议事规则》是经过有效的业主大会会议决议通过的，上述关于三分之一业主委员会成员否决权的规定就具有法律效力。业主委员会在召开会议时就应当遵守。

法条链接

《业主大会和业主委员会指导规则》

第三十八条　业主委员会会议由主任召集和主持，主任因故不能履行职责，可以委托副主任召集。

业主委员会会议应有过半数的委员出席，作出的决定必须经全体委员半数以上同意。

业主委员会委员不能委托代理人参加会议。

经验分享

一、制度的生命在于执行，作为业主大会的执行机构，业主委员会更应当自觉遵守业已生效且经备案的《业主大会议事规则》。

二、如果的确感觉赋予三分之一业主委员会成员的否决权不利于大多数业主利益，仍可通过法定比例的业主提议召开业主大会临时会议，由业主讨论并作出共同决定。

44. 业主委员会任期届满后，可否继续履行职责？

场景

陕西省宝鸡市某小区业主委员会于2012年成立，并于2012年11月9日完成备案，备案回执载明有效期三年。但在业主委员会于2015年11月9日任期届满后，仍在开展活动。

对此，物业公司和部分业主认为，业主委员会成员已经全部任期届满，目前业主委员会中没有可以代表全体业主的人员，不能履行职责。业主委员会部分原成员认为，不能混淆业主委员会与业主委员会成员的概念。业主委员会没有任期，业主委员会成员有任期，作为一个组织机构，业主委员会一经产生，可以长期存在，除非业主大会决议不再设立该机构，并对备案登记予以撤销，否则该机构就存在，业主委员会成员的任期并不影响业主委员会的客观存在。《物业管理条例》《陕西省物业服务管理条例》对业主委员会任期届满后的行为性质没有明确的规定。《业主大会和业主委员会指导规则》并没有禁止在新一届业主委员会选举产生之前，原业主委员会继续履行职责。

问题

业主委员会任期届满后，可否继续履行职责？

解析

不可以。

一、业主委员会任期届满前需按规定组织换届，虽然法律法规并未明确禁止业主委员会任期届满后继续履行职责，但也没有规定可以继续履行职责，同时结合业主委员会在任期届满前要换届，业主委员会成员应由业主大会选举产生，在新一届业主委员会产生之前，物业所在地的居民委员会可以代行业主委员会的职责等相关规定，应当理解为业主委员会任期届满后，不可以继续履行职责。

二、毫无疑问，业主委员会不同于业主委员会成员，但不可否认的是，如果业主委员会成员任期全部届满，业主委员会也就无法正常工作了。因此，按照"业主委员会没有任期，业主委员会成员有任期，作为一个组织机构，业主委员会一经产生，可以长期存在，除非业主大会决议不再设立该机构，并对备案登记予以撤销，否则该机构就存在，业主委员会成员的任期并不影响业主委员会的客观存在"的逻辑，认为业主委员会任期届满后，仍可履行职责的观点是错误的。

法条链接

《业主大会和业主委员会指导规则》

第四十七条 业主委员会任期届满前3个月，应当组织召开业主大会会议，进行换届选举，并报告物业所在地的区、县房地产行政主管部门和街道办事处、乡镇人民政府。

第四十八条 业主委员会应当自任期届满之日起10日内，将其保管的档案资料、印章及其他属于业主大会所有的财物移交新一届业主委员会。

第五十七条 业主委员会在规定时间内不组织换届选举的，物业所在地的区、县房地产行政主管部门或者街道办事处、乡镇人民政府应当责令其限期组织换届选举；逾期仍不组织的，可以由物业所在地的居民委员会在街道办事处、乡镇人民政府的指导和监督下，组织换届选举工作。

第五十八条 因客观原因未能选举产生业主委员会或者业主委员会委员人数不足总数的二分之一的，新一届业主委员会产生之前，可以由物业所在地的居民委员会在街道办事处、乡镇人民政府的指导和监督下，代行业主委员会的职责。

《陕西省物业服务管理条例》

第五十五条 业主委员会任期届满三个月前，应当书面向街道办事处或者乡（镇）人民政府报告，并在其指导下召开业主大会进行换届选举。

业主委员会在规定时间内不组织换届选举的，街道办事处或者乡（镇）人民政府应当责令其限期组织换届选举；逾期仍不组织的，由街道办事处或者乡（镇）人民政府在社区居民委员会或者村民委员会的协助下，组织换届选举工作。

五、业主委员会运行及业主共同决定事项

业主委员会不能正常开展工作的，在县（市、区）住房和城乡建设主管部门指导下，由街道办事处或者乡（镇）人民政府组织，社区居民委员会或者村民委员会协助，召开业主大会临时会议，对业主委员会进行改选、换届，选举产生新的业主委员会。

原业主委员会应当在新一届业主委员会成立后十日内将其保管的有关财务账簿凭证、档案等文件资料、印章及其他属于全体业主所有的财物移交新一届业主委员会，并做好交接工作。逾期不移交的，新一届业主委员会可以请求街道办事处或者乡（镇）人民政府督促移交。

经验分享

一、大部分地区的业主委员会实行任期制。为保证业主委员会工作的连续性，负有换届职责的主体一定要及时组织换届，避免出现真空。

二、业主委员会印章一旦刻制完成，并不会随其任期届满而改变、消失，所以，在实践中存在着一些业主委员会届满后，仍然以业主委员会的名义开展各类活动的现象。这存在着不同程度的法律风险。

三、业主委员会任期届满后，如果提起诉讼的，法院一般认为此时业主委员会已不具备诉讼主体资格而会驳回起诉；如果从事其他民事活动的，可能会被认定无效、被撤销。但这种情形下并非当

然无效。民事活动种类繁多，需具体情况具体分析。在本书其他章节部分，还会有所涉及。

四、实践中，的确存在一些并非业主委员会主观原因导致的换届迟延，从而可能影响其主体资格及正常运行的因素，如不可抗力原因、负有换届发起和主导的有关单位不积极推进工作的原因等。鉴于此，建议在《业主大会议事规则》中，增加业主委员会不能如期换届的，可由原业主委员会继续履职直至新一届业主委员会产生。这样将尽可能地为业主委员会履职提供依据。

45. 业主委员会成员辞职后，可否重新返岗工作？

场景

2018年12月，四川省成都市某小区业主委员会成员集体辞职，在小区张贴了辞职书。随后，小区部分业主遂向属地街道办事处书面提出申请提前换届。

关于业主委员会辞职的情况，原业主委员会成员称，因小区部分业主对业主委员会成员在微信上进行攻击等，给业主委员会成员造成很大精神压力，2018年12月被迫提出辞职，并在小区进行了公示。后属地街道办事处、社区居委会及小区部分业主对业主委员会成员进行挽留，在大家的挽留和鼓励下，原业主委员会成员状态有所好转，又重新开始工作。

业主委员会成员重新开始工作后，又组织召开了业主大会会议重新选聘物业服务企业。

部分业主认为，按照小区《业主大会议事规则》的规定，业主委员会成员集体辞职的，由物业所在地街道办事处召开业主大会会议，选举产生新一届业主委员会。业主委员会已经提出集体辞职，且在街道办事处应小区业主的申请已经启动新一届业主委员会的选举工作的情况下，原业主委员会成员集体又返回工作，其身份不符合要求。

问题

业主委员会成员辞职后,可否重新返岗工作?

解析

不可以。

一、业主委员会集体辞职,所产生的法律后果就是该届业主委员会解散,所有业主委员会成员即丧失业主委员会成员资格,业主委员会的职能作用已不能正常发挥,该组织已不再具有履行业主大会赋予的职责的能力。因此,辞职后的业主委员会及业主委员会成员,不得再组织召开业主大会会议。

二、业主委员会成员辞职后重新返岗工作也不符合小区《业主大会议事规则》中的有关规定,业主委员会成员集体辞职的,由物业所在地街道办事处召开业主大会会议,选举产生新一届业主委员会。

法条链接

《成都市业主大会活动规则》

第十五条(业主大会临时会议) 有下列情形之一的,业主委员会应当按照业主大会议事规则的约定,组织召开业主大会临时会议：

（一）发生重大事故或紧急事件，需要及时处理；

（二）五分之一以上的业主就物业管理共同事项书面提议；

（三）业主委员会委员缺额人数超过委员总数三分之一，或者业主委员会主任委员、副主任委员全部辞职、离任；

（四）其他依业主大会议事规则需要召开业主大会临时会议的情形。

经验分享

一、业主委员会成员是一种身份法律关系。经过选举，业主可以担任业主委员会成员，其当选业主委员会成员后，也可因故提出辞职，提出辞职后，即丧失业主委员会成员资格，不能再行使业主委员会成员的职责，也不能再自动恢复业主委员会成员的身份和资格。

二、业主委员会成员辞职后，重新返岗工作，没有法律依据。

46. 业主委员会任期届满，签订的合同效力如何？

场景

2019年10月31日，福建省龙岩市新罗区某小区业主委员会任期届满。任期届满后，原业主委员会的成员仍然掌管业主委员会的印章等重要材料，并以业主委员会的名义于2021年6月20日与某电子技术工程公司签订《停车场道闸管理系统安装合同》，约定由电子技术工程公司施工小区停车场道闸管理系统安装工程，工程造价31500元。2021年7月中旬，电子技术工程公司进场施工，浇筑水泥墩、铺设管道等。施工期间，因部分小区业主要求停止施工，电子技术工程公司撤出施工现场，并停止施工。2021年7月31日，原业主委员会财务人员朱某向电子技术工程公司法定代表人蔡某泓支付工程款10000元。

2021年8月24日，小区经选举产生新一届业主委员会及其成员。业主委员会认为上任业主委员会届满后，在新业主委员会产生之前，上任业主委员会无权代为签订合同，故签订的合同系无效合同，遂诉至法院，请求：(1)确认小区业主委员会于2021年6月20日签订的《停车场道闸管理系统安装合同》无效；(2)电子技术工程公司返还小区业主委员会预付的合同款10000元。

被告电子技术工程公司辩称，2021年6月20日所签订的《停

五、业主委员会运行及业主共同决定事项

车场道闸管理系统安装合同》继续有效。被告无须返还原告所说的"预付的合同款10000元"。被告要求原告继续履行合同,如原告不同意履行,被告要求原告赔偿其因原告违约所造成的设备采购费用、人员工资以及因设备采购资金占用利息46535元。法院认为,被告是善意第三人,判决驳回了原告业主委员会的诉讼请求。

问题

业主委员会任期届满,签订的合同是否有效?

解析

有效。

一、原业主委员会在任期届满后,部分成员仍以业主委员会的名义对外签订合同,属于无权代理行为。

二、无权代理行为并不必然导致所签订的合同无效,此时要看相对人也就是本案的被告是否"善意"/是否有理由相信行为人有代理权。如果答案是肯定的,则该代理行为有效。

三、本案中,原业主委员会成员在任期届满后仍保管公章并对外以业主委员会的名义与电子技术工程公司签订合同,该《停车场道闸管理系统安装合同》中所盖公章真实,电子技术工程公司并无义务审查代表小区业主委员会成员是否任期届满,且原小区业主

171

委员会的财务人员朱某已向电子技术工程公司预付了工程款10000元。电子技术工程公司作为合同相对人，对其关于物权、物业管理方面法律法规、业主决策机制的掌握程度不宜要求过高，其完全有理由相信其系与小区业主委员会签订合同，故法院对业主委员会提出的确认合同无效的主张不予支持是正确的。

四、被告电子技术工程公司提出的因小区业主委员会违约所造成的设备采购费用、人员工资以及采购资金占用利息46535元、精神损失费等费用，其可以提出反诉。但因电子技术工程公司未提出反诉，法院未做审理。

法条链接

《中华人民共和国民法典》

第一百七十一条　行为人没有代理权、超越代理权或者代理权终止后，仍然实施代理行为，未经被代理人追认的，对被代理人不发生效力。

相对人可以催告被代理人自收到通知之日起三十日内予以追认。被代理人未作表示的，视为拒绝追认。行为人实施的行为被追认前，善意相对人有撤销的权利。撤销应当以通知的方式作出。

行为人实施的行为未被追认的，善意相对人有权请求行为人履行债务或者就其受到的损害请求行为人赔偿，但是，赔偿的范围不得超过被代理人追认时相对人所能获得的利益。

相对人知道或者应当知道行为人无权代理的,相对人和行为人按照各自的过错承担责任。

第一百七十二条 行为人没有代理权、超越代理权或者代理权终止后,仍然实施代理行为,相对人有理由相信行为人有代理权的,代理行为有效。

经验分享

一、实践中,业主委员会届满后未能及时选举新一届业主委员会的现象大量存在,部分人员仍然以业主委员会的名义开展各类活动,这引发了极大的法律风险。因此,不可忽视业主委员会换届工作。在任期届满后新一届业主委员会产生前,应妥善保管业主大会、业主委员会的印章、授权委托书等资料。

二、特别提示,业主委员会在届满后其所签订的合同,并不必然(如本案)有效,也并不必然无效。要根据案情考察相对人是否"善意"。假如本案被告是一家物业服务企业,裁判结果可能就有所区别了。

47. 业主委员会公布业主个人信息，侵犯业主隐私权吗？

场景

王某等人向法院起诉小区业主委员会业主撤销权纠纷一案，法院向业主委员会送达应诉材料及开庭传票后，业主委员会将案件的起诉状（记载王某姓名、性别、出生年月及住址信息）、应诉通知书等材料复印件粘贴在小区宣传栏并公布于"××小区"微信公众号。

案件审理过程中，王某及业主委员会均确认案件的诉讼材料曾在公众号及小区宣传栏公开。业主委员会称宣传栏粘贴的材料在粘贴后10天左右已被人撕掉，公众号发布的内容已于2021年9月10日后删除，"××小区"公众号的粉丝数量约460人，案件的公告截至删除之时浏览量约400次。王某对业主委员会的上述陈述不予确认。

王某主张业主委员会侵犯其隐私权，且其因此在小区各业主微信群内受到贬低性、侮辱性言语的侵害，还有人在其家门口附近徘徊及指点，对此王某提供了业主群微信聊天记录证明。

业主委员会辩称，自2020年涉案小区筹备召开业主大会以来，王某等人对业主委员会筹备组成员及业主委员会成员进行多次干扰及攻击,在涉案小区广为人知,王某的个人信息在一定范围与时间内已不具备隐私权条件,并提供了微信聊天记录、照片等证据证明。

法院认定业主委员会的行为侵害了王某的隐私权,判决:于本判决书送达之日起10日内,业主委员会以书面形式向王某赔礼道歉。

问题

业主委员会公布涉及王某个人信息的案件起诉状等材料的行为侵害王某的隐私权吗?

解析

是的,业主委员会的行为已侵害了王某的隐私权。

一、自然人享有隐私权。侵害他人隐私权的表现形式有多种,其中,处理他人的私密信息就属于侵害他人隐私权的一种。他人的私密信息包含在个人信息中,是个人信息的一部分。按法律规定,个人信息是以电子或者其他方式记录的能够单独或者与其他信息结合识别特定自然人的各种信息,包括自然人的姓名、出生日期、身份证件号码、生物识别信息、住址、电话号码、电子邮箱、健康信息、行踪信息等。

二、业主委员会将案件的起诉状(记载王某姓名、性别、出生年月及住址信息)、应诉通知书等材料复印件粘贴在小区宣传栏并公布于"××小区"微信公众号。业主委员会的这种行为已经涉及处理王某私密信息，侵害了王某的隐私权。

三、业主委员会应当承担侵权责任。按照《中华人民共和国民法典》的相关规定，承担侵权责任的方式包括停止侵害、消除影响、恢复名誉、赔礼道歉等。

法条链接

《中华人民共和国民法典》

第一百七十九条　承担民事责任的方式主要有：

（一）停止侵害；

（二）排除妨碍；

（三）消除危险；

（四）返还财产；

（五）恢复原状；

（六）修理、重作、更换；

（七）继续履行；

（八）赔偿损失；

（九）支付违约金；

（十）消除影响、恢复名誉；

（十一）赔礼道歉。

法律规定惩罚性赔偿的，依照其规定。

本条规定的承担民事责任的方式,可以单独适用,也可以合并适用。

第一千零三十二条 自然人享有隐私权。任何组织或者个人不得以刺探、侵扰、泄露、公开等方式侵害他人的隐私权。

隐私是自然人的私人生活安宁和不愿为他人知晓的私密空间、私密活动、私密信息。

第一千零三十三条 除法律另有规定或者权利人明确同意外,任何组织或者个人不得实施下列行为:

……

(五)处理他人的私密信息;

(六)以其他方式侵害他人的隐私权。

第一千零三十四条 自然人的个人信息受法律保护。

个人信息是以电子或者其他方式记录的能够单独或者与其他信息结合识别特定自然人的各种信息,包括自然人的姓名、出生日期、身份证件号码、生物识别信息、住址、电话号码、电子邮箱、健康信息、行踪信息等。

个人信息中的私密信息,适用有关隐私权的规定;没有规定的,适用有关个人信息保护的规定。

经验分享

一、业主委员会在处理涉及他人,尤其是业主的个人信息时应当格外慎重。虽然有时业主委员会或业主委员会成员认为其是在处理涉及小区全体业主公共利益的事务，进而想当然地认为公布有关业主个人信息并无不妥。实则不然，要看相关行为是否侵害了他人的隐私权或个人信息等相关权利。

二、对于"自然人的姓名、出生日期、身份证件号码、生物识别信息、住址、电话号码"这些信息，除非经本人同意，或者进行了脱敏处理，否则不可直接对外公开。

三、违反法律规定，擅自处理、散布他人个人信息，不仅如本案一样可能会面临承担民事责任，还可能要承担行政法律责任，甚至刑事法律责任。

五、业主委员会运行及业主共同决定事项

48. 解聘物业公司可以授权业主委员会行使吗?

场景

2018年6月12日,某小区业主委员会发布了《某小区关于召开2018年第一次业主大会的公告》,确定2018年第一次业主大会的召开时间为2018年7月1日至9月1日,会议采取书面征求意见的形式,会议的议题为委托本届业主委员会代表业主大会选聘、解聘物业服务企业等四项事项,并将载有上述四项表决事项的表决票向业主发放。2018年9月12日,业主委员会根据决议内容向物业公司发出解聘通知书,要求物业公司于一个月内交接完毕并撤出该小区,并于同日向小区全体业主发布《关于解聘某物业管理有限公司公告》。物业公司、部分业主均不认可业主委员会代表业主大会解聘物业公司的做法。后解聘通知书和《关于解聘某物业管理有限公司公告》被政府部门撤销。

问题

解聘物业公司可以授权业主委员会行使吗?

解析

不可以。

一、选聘和解聘物业服务企业由全体业主共同决定，《中华人民共和国民法典》实施后，应当由专有部分面积占比三分之二以上的业主且人数占比三分之二以上的业主参与表决，并应当经参与表决专有部分面积过半数的业主且参与表决人数过半数的业主同意。

二、"业主共同决定"事项系法律的强制性规定，应当由业主通过业主大会或者依法共同做出决定，并不能由业主委员会通过业主或业主大会授权的形式来行使。

三、业主委员会作为业主大会执行机构的性质和地位，也决定了业主委员会无权行使解聘物业公司的职能。

法条链接

《中华人民共和国民法典》

第二百七十八条 下列事项由业主共同决定：

（一）制定和修改业主大会议事规则；

（二）制定和修改管理规约；

（三）选举业主委员会或者更换业主委员会成员；

（四）选聘和解聘物业服务企业或者其他管理人；

（五）使用建筑物及其附属设施的维修资金；

五、业主委员会运行及业主共同决定事项

（六）筹集建筑物及其附属设施的维修资金；

（七）改建、重建建筑物及其附属设施；

（八）改变共有部分的用途或者利用共有部分从事经营活动；

（九）有关共有和共同管理权利的其他重大事项。

业主共同决定事项，应当由专有部分面积占比三分之二以上的业主且人数占比三分之二以上的业主参与表决。决定前款第六项至第八项规定的事项，应当经参与表决专有部分面积四分之三以上的业主且参与表决人数四分之三以上的业主同意。决定前款其他事项，应当经参与表决专有部分面积过半数的业主且参与表决人数过半数的业主同意。

经验分享

有的业主委员会试图越俎代庖，岂知欲速则不达，解聘物业服务企业只能通过业主大会，形成业主大会决议的形式实现，即便业主大会授权业主委员会也不可以。

49. 业主委员会未取得授权而签订的物业服务合同效力如何？

场景

山东省日照市东港区某小区交付使用后由开发商指定了A物业公司提供物业服务，2019年5月31日，B物业公司与A物业公司进行交接，进入小区提供物业服务。2019年9月1日，业主委员会与B物业公司签订《小区物业服务合同》，约定由B物业公司为小区提供物业服务，合同期限自2019年9月1日至2022年8月31日，小区业主自2019年6月1日起缴纳物业费。合同落款处由时任业主委员会主任及相关人员与B物业公司法定代表人签字盖章并加盖双方公章，合同末尾处手写备注"试行一年"字样。经查，业主委员会自设立至期满未召开业主大会，其与B物业公司签订物业服务合同时未取得业主授权。签订合同后，B物业公司即开始为小区提供物业服务。

2019年12月5日，与B物业公司签订物业服务合同的业主委员会任期届满，社区居民委员会发出通知，对业主委员会进行换届选举。2020年6月3日，选举出新一届业主委员会，并报社区、街道办事处及住建局进行了备案。2020年6月24日，原业主委员会与新一届业主委员会进行了交接。

五、业主委员会运行及业主共同决定事项

部分业主对物业服务不满，新一届业主委员会准备召开业主大会会议重新选聘物业公司。同时，新一届业主委员会认为，当时业主委员会与B物业公司于2019年9月签订物业服务合同时，业主委员会没有召开大会，没有取得业主授权，所签订的合同无效。

物业公司辩称，业主大会是权力机构，业主委员会是执行机构，在业主委员会代表与其签订合同时，物业公司有理由相信业主委员会是在执行业主大会的决定。因此，在案涉合同已经过业主委员会签字盖章的情况下，自成立时就具有法律效力。从实践操作及社会效果看，案涉合同不宜认定无效。

问题

业主委员会未取得授权而签订的物业服务合同有效吗？

解析

本案中，应当认定物业服务合同无效。

一、业主大会是权力机构，是业主共同管理事项的最高决策者，业主委员会是业主大会的执行机构，其代表业主大会执行业主共同决定的事项。本案中，原业主委员会在未召开业主大会会议，未征求业主意见并取得业主授权的情况下与B物业公司签订物业服务合同，事后亦未经小区业主追认，物业服务合同应为无效合同。

183

二、B物业公司也不能认定为善意相对人。物业服务企业的选聘应召开业主大会会议决定，且相应结果应当反馈至物业服务企业，B物业公司在未核查是否已召开业主大会会议、未收到相关结果反馈的情形下径行与业主委员会订立合同，不符合专业物业服务企业的操作流程，B物业公司在业主委员会未取得业主大会授权的情况下即与其签订物业服务合同应是明知的，因此，不宜认定B物业公司善意。

三、原业主委员会在未召开业主大会会议和作出选聘B物业公司决议的情形下，即与B物业公司签订了物业服务合同，属无权代理。总之，原业主委员会与B物业公司签订的物业服务合同应属无效合同。

法条链接

《中华人民共和国民法典》

第一百七十一条　行为人没有代理权、超越代理权或者代理权终止后，仍然实施代理行为，未经被代理人追认的，对被代理人不发生效力。

相对人可以催告被代理人自收到通知之日起三十日内予以追认。被代理人未作表示的，视为拒绝追认。行为人实施的行为被追认前，善意相对人有撤销的权利。撤销应当以通知的方式作出。

行为人实施的行为未被追认的，善意相对人有权请求行为人履行债务或者就其受到的损害请求行为人赔偿,但是,赔偿的范围不得超过被代理人追认时相对人所能获得的利益。

相对人知道或者应当知道行为人无权代理的,相对人和行为人按照各自的过错承担责任。

第一百七十二条 行为人没有代理权、超越代理权或者代理权终止后,仍然实施代理行为,相对人有理由相信行为人有代理权的,代理行为有效。

第二百七十八条 下列事项由业主共同决定:

(一)制定和修改业主大会议事规则;

(二)制定和修改管理规约;

(三)选举业主委员会或者更换业主委员会成员;

(四)选聘和解聘物业服务企业或者其他管理人;

(五)使用建筑物及其附属设施的维修资金;

(六)筹集建筑物及其附属设施的维修资金;

(七)改建、重建建筑物及其附属设施;

(八)改变共有部分的用途或者利用共有部分从事经营活动;

(九)有关共有和共同管理权利的其他重大事项。

业主共同决定事项,应当由专有部分面积占比三分之二以上的业主且人数占比三分之二以上的业主参与表决。决定前款第六项至第八项规定的事项,应当经参与表决专有部分面积四分之三以上的业主且参与表决人数四分之三以上的业主同意。决定前款其他事项,应当经参与表决专有部分面积过半数的业主且参与表决人数过半数的业主同意。

经验分享

一、选聘、解聘物业公司只能通过业主大会，形成业主大会决议的形式实现，这可以看作业主委员会与物业公司共知的常识。物业公司仅以业主委员会签字盖章这一形式即主张自己善意，难以获得裁判机构的认可。

二、物业公司举证业主已实际接受其提供的物业服务以及大多数业主已缴纳物业费的事实，也不足以认定类似本案的物业服务合同的有效性。

三、物业服务合同被认定无效后，双方当事人如认为在合同履行过程中受有损失，可依法主张自己的权利。

50. 业主个体可否提起确认物业服务合同无效之诉？

▣ 场景

湖南省长沙市某大厦第三届业主委员会于2017年12月12日贴出公告，经业主大会表决通过决议，同意终止物业公司在大厦的物业服务，同意公开招聘物业服务企业。经过几个月的时间，业主委员会于2018年5月31日进行公告，通过业主大会投票表决，×物业公司票数最高，选聘×物业公司为大厦提供物业服务。2018年5月31日，大厦业主委员会致函原物业公司，要求原物业公司在2018年7月31日之前完成与×物业公司的交接工作，并明确原物业公司收取的物业费截止到2018年7月30日。

但是，据杨某等业主所知，大厦业主委员会并未就选聘×物业公司提前15天通知召开业主大会，更达不到业主大会表决比例的法定要求。大厦业主大会、业主委员会未经法定程序，未提前15日公告通知业主召开业主大会，未组织召开业主大会投票表决，即作出选聘物业公司及签署物业服务合同的决定，违反了法律程序，也违反了禁止性法律规定，侵害了业主的合法权益，杨某主张业主委员会与×物业公司签订的物业服务合同属于无效合同。

问题

业主杨某可否提起确认物业服务合同无效之诉？

解析

不可以。

一、本案属于确认合同效力纠纷。业主委员会与物业公司签订的物业服务合同，涉及小区全体业主在物业服务方面的权利和义务，并非仅约束个别业主，因此，业主个体不能任意提起确认物业服务合同无效之诉。

二、合同具有相对性。本案物业服务合同的签订主体为业主委员会与物业公司。杨某并非讼争合同的相对方，无权提起合同效力审查之诉。杨某提起诉讼，要求确认物业服务合同无效，实际上是对代表全体业主的业主委员会之缔约行为提出异议，涉及的是全体业主的公共事项，《中华人民共和国民法典》实施后，应当由专有部分面积占比三分之二以上的业主且人数占比三分之二以上的业主参与表决，并应当经参与表决，专有部分面积过半数的业主且参与表决人数过半数的业主同意。本案中，没有证据证明杨某的起诉经过达到法定比例业主的同意授权。因此，应当驳回杨某的起诉。

法条链接

《中华人民共和国民法典》

第二百七十八条 下列事项由业主共同决定：

（一）制定和修改业主大会议事规则；

（二）制定和修改管理规约；

（三）选举业主委员会或者更换业主委员会成员；

（四）选聘和解聘物业服务企业或者其他管理人；

（五）使用建筑物及其附属设施的维修资金；

（六）筹集建筑物及其附属设施的维修资金；

（七）改建、重建建筑物及其附属设施；

（八）改变共有部分的用途或者利用共有部分从事经营活动；

（九）有关共有和共同管理权利的其他重大事项。

业主共同决定事项，应当由专有部分面积占比三分之二以上的业主且人数占比三分之二以上的业主参与表决。决定前款第六项至第八项规定的事项，应当经参与表决专有部分面积四分之三以上的业主且参与表决人数四分之三以上的业主同意。决定前款其他事项，应当经参与表决专有部分面积过半数的业主且参与表决人数过半数的业主同意。

《中华人民共和国民事诉讼法》

第一百二十二条第一项 起诉必须符合下列条件：

（一）原告是与本案有直接利害关系的公民、法人和其他组织；

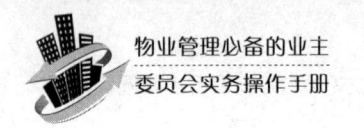

经验分享

在法律适用上,判断业主个体是否具有原告主体资格,根据特别法优先于普通法的原则,应适用《最高人民法院关于审理物业服务纠纷案件适用法律若干问题的解释》第二条"物业服务人违反物业服务合同约定或者法律、法规、部门规章规定,擅自扩大收费范围、提高收费标准或者重复收费,业主以违规收费为由提出抗辩的,人民法院应予支持。业主请求物业服务人退还其已经收取的违规费用的,人民法院应予支持",而不是《中华人民共和国民事诉讼法》第一百二十二条。

51. 开发商占用业主共有的车位，业主委员会能否要求开发商赔偿经济损失？

场景

某大厦建筑区划内，用于停放汽车的 21 个地面车位原属于全体业主共有，但被开发商长期占用，在未经业主允许的情况下在上述地面停车区域内设置围挡、土堆，阻碍业主对涉案区域的停车位予以使用。业主委员会将开发商诉至法院，请求法院判令开发商违法收取三年的停车费 90 万元。法院根据《北京市机动车停车场收费标准核准表》所核准的收费标准核算原告损失，并判决被告向原告支付三间的经济损失 89 万余元。

问题

开发商应否赔偿业主委员会占用停车位的经济损失？

解析

应当。

一、本案涉诉地面停车位属于全体业主所有，故开发商设置围挡、土堆的行为构成侵权，侵犯了大厦业主的共有权利，应对全体业主造成的损失予以赔偿。

二、关于损失的计算方式，可以由业主委员会举证证明损失具体金额。如不能列明具体数额，可以根据有关部门核准的收费标准计算。

三、业主委员会经业主大会授权委托后，可以代表全体业主对开发商提起诉讼。

法条链接

《中华人民共和国民法典》

第二百七十五条　建筑区划内，规划用于停放汽车的车位、车库的归属，由当事人通过出售、附赠或者出租等方式约定。

占用业主共有的道路或者其他场地用于停放汽车的车位，属于业主共有。

第二百七十六条　建筑区划内，规划用于停放汽车的车位、车库应当首先满足业主的需要。

第一千一百六十五条　行为人因过错侵害他人民事权益造成损害的，应当承担侵权责任。

依照法律规定推定行为人有过错，其不能证明自己没有过错的，应当承担侵权责任。

《最高人民法院关于审理建筑物区分所有权纠纷案件适用法律若干问题的解释》

第十四条 建设单位、物业服务企业或者其他管理人等擅自占用、处分业主共有部分、改变其使用功能或者进行经营性活动，权利人请求排除妨害、恢复原状、确认处分行为无效或者赔偿损失的，人民法院应予支持。

属于前款所称擅自进行经营性活动的情形，权利人请求建设单位、物业服务企业或者其他管理人等将扣除合理成本之后的收益用于补充专项维修资金或者业主共同决定的其他用途的，人民法院应予支持。行为人对成本的支出及其合理性承担举证责任。

经验分享

业主委员会作为代表全体业主、维护全体业主利益的组织，对于侵犯全体业主合法权益的行为，应积极和善于维权。

六、业主委员会成员易触发和应防范的犯罪

本章提要：业主委员会成员，包括主任、副主任、委员，均为业主委员会的组成人员。业主委员会作为重要的业主组织，具有法定的职责权限，也可以说其成员手中握有一些显现的及隐形的"权力"。但是，当有些业主委员会成员将法律抛之脑后，试图谋取私利或者虽未谋取私利却触碰了法律红线时，将有可能引发犯罪行为。本章主要介绍业主委员会成员易触发和应防范的犯罪相关的典型案例。

52. 业主委员会主任江某犯非国家工作人员受贿罪

场景

2013年3月，江某当选为重庆市某小区业主委员会主任。在担任业主委员会主任期间，江某利用职务便利，在小区进行物业服务公司竞标过程中，帮助雷某、牟某经营的物业公司中标，并于2013年4月18日收受雷某、牟某给予的"好处费"18万元。2013年7月至2016年7月，江某在物业公司经营小区物业服务项目期间，利用其担任业主委员会主任的职务便利，以邓某、李某的名义与物业公司签订协议，每月以"物业顾问费""广告收益"等名义收取物业公司雷某等人给予的"好处费"共计170万余元。

法院认为，被告人江某利用担任小区业主委员会主任的职务便利，非法收受他人财物190万余元，为他人谋取利益，数额巨大，并将小区业主委员会管理的全体业主所有的财物28万余元非法占为己有，数额较大，其行为已构成非国家工作人员受贿罪，判决如下：一、被告人江某犯非国家工作人员受贿罪，判处有期徒刑六年八个月，并处没收财产人民币50万元；二、被告人江某违法所得的人民币190万余元予以追缴。

六、业主委员会成员易触发和应防范的犯罪

问题

什么是非国家工作人员受贿罪?业主委员会成员是否可能构成本罪?

解析

非国家工作人员受贿罪,指公司、企业或者其他单位的工作人员利用职务上的便利,索取他人财物或者非法收受他人财物,为他人谋取利益,数额较大的行为。

一、本罪侵犯的客体是国家对公司、企业以及非国有事业单位、其他组织的工作人员职务活动的管理制度。

二、本罪的主体是特殊主体,即公司、企业或者其他单位的工作人员。根据《最高人民法院、最高人民检察院关于办理商业贿赂刑事案件适用法律若干问题的意见》(法发〔2008〕33号)的规定,"其他单位",既包括事业单位、社会团体、村民委员会、居民委员会、村民小组等常设性的组织,也包括为组织体育赛事、文艺演出或者其他正当活动而成立的组委会、筹委会、工程承包队等非常设性的组织。

三、本罪的客观方面表现为:(1)利用职务上的便利;(2)索取他人财物或者非法收受他人财物;(3)为他人谋取利益;(4)数额较大。这四个方面必须同时具备,但是否为他人谋取到利益以及

197

该利益是否正当，不影响本罪的构成。

四、本罪的主观方面表现为故意，即公司、企业、其他单位人员故意利用其职务之便接受或索取贿赂，为他人谋取利益。

业主委员会主任、业主委员会其他成员均有可能构成本罪，只要利用其担任业主委员会成员职务上的便利索取或收受他人财物，为他人（如物业公司等）谋取利益，数额较大的，就构成非国家工作人员受贿罪。

法条链接

《中华人民共和国刑法》

第一百六十三条第一款 公司、企业或者其他单位的工作人员，利用职务上的便利，索取他人财物或者非法收受他人财物，为他人谋取利益，数额较大的，处三年以下有期徒刑或者拘役，并处罚金；数额巨大或者有其他严重情节的，处三年以上十年以下有期徒刑，并处罚金；数额特别巨大或者有其他特别严重情节的，处十年以上有期徒刑或者无期徒刑，并处罚金。

经验分享

一、很多人认为，只有公务员等国家公职人员受贿才可能涉嫌犯罪。其实，非公职人员同样可能涉嫌受贿罪。业主委员会主任和成员利用职务便利，非法收受他人财物，同样触碰法律红线，构成非国家工作人员受贿罪。

二、一些业主委员会主任或成员认为收点或主动索要点来自物业公司、工程公司的"好处费"，帮他们一点忙，算不了什么。实际上，这是对自身行为和法律的误解。

三、在如下情形下，业主委员会成员有可能构成非国家工作人员受贿罪：在选聘物业公司/与原物业公司续签合同/消防等各类施工单位为小区施工等过程中，业主委员会成员主动索要或收受相关利益方的财物，为其谋取利益（不论利益正当与否），就有可能构成本案罪名。

53. 业主委员会主任梁某犯袭警罪

场景

梁某是辽宁省某市某小区业主委员会主任。多年来，该小区部分业主与物业公司存在较大矛盾，部分业主甚至还曾多次上访。2021年10月10日，因门禁卡问题，业主苏某与物业公司几名保安发生肢体冲突。梁某报警并与业主委员会其他成员前去制止，继而发生冲突。当天20时许，派出所民警贾某、李某、辅警袁某接群众报案，称某小区×期保安和业主发生冲突。接警后三人立即赶到现场，到达现场后即表明身份，并对双方冲突进行劝解处置。梁某与小区保安王某、关某等人发生肢体冲突，民警贾某上前制止双方冲突时，梁某用手电筒将贾某头部打伤。经鉴定，贾某头部外伤致头皮创口，属轻微伤。

公诉机关指控被告人梁某犯袭警罪。被告人梁某称，其出于自卫本能，用手电筒将保安误伤，被带至派出所后才得知，被误伤的"保安"是出警警察。梁某向被害人表示诚挚的道歉，愿意支付经济补偿并接受任何治安处罚，且当时天黑，自己处于被打状态，保安的着装与警察相似，混乱中的误伤并非主观故意。梁某主张应是治安案件，不能上升到刑事案件，请求依法判决无罪。

法院经审理后认为，案发时，有数十名业主、保安现场目睹，

六、业主委员会成员易触发和应防范的犯罪

除三位民警及数名保安的证言外,亦有业主邢某、马某、孙某的证言及法医学损伤程度鉴定书等证据相互印证,可证实被害人贾某身着警察制服、佩戴警衔标志,表明警察身份后制止梁某与王某厮打,在贾某将二人分开后,梁某仍持手电筒将贾某头部打伤,创口深达颅骨,显系故意行为。在卷证据足以认定梁某暴力袭击正在依法执行职务的人民警察,其行为已构成袭警罪,应依法处罚。依照《中华人民共和国刑法》第二百七十七第五款之规定,认定被告人梁某犯袭警罪,判处有期徒刑一年一个月。

问题

什么是袭警罪?

解析

一、2020年12月26日,十三届全国人大常委会第二十四次会议表决通过刑法修正案(十一),将《中华人民共和国刑法》第二百七十七条第五款修改为:"暴力袭击正在依法执行职务的人民警察的,处三年以下有期徒刑、拘役或者管制;使用枪支、管制刀具,或者以驾驶机动车撞击等手段,严重危及其人身安全的,处三年以上七年以下有期徒刑。"这是我国首次针对袭警单独设置法定刑。法律要求行为人采取的方式应当是暴力袭击,行为对象应当是

正在依据法律执行任务的警察。

二、本罪侵犯的客体：本罪客体为复杂客体，既侵犯了警察的人身权利或者警察机关的财产权利，也侵犯了警察机关或者警察的执法权威和尊严，还侵犯了国家正常的警务秩序；本罪的客观方面：行为人使用暴力侵害。暴力包括用直接方式和间接方式，如以撕咬、踢打、抱摔、投掷等方式攻击警察身体，再如打砸、毁坏、抢夺民警正在使用的警用车辆、警械等警用装备；本罪的犯罪主体是一般主体；本罪的主观方面是故意。

三、本案中，梁某虽自称是误伤，但根据现有证据，其有主观故意，采用了暴力手段，可以认定为袭警罪。

法条链接

《中华人民共和国刑法》

第二百七十七条　以暴力、威胁方法阻碍国家机关工作人员依法执行职务的，处三年以下有期徒刑、拘役、管制或者罚金。

以暴力、威胁方法阻碍全国人民代表大会和地方各级人民代表大会代表依法执行代表职务的，依照前款的规定处罚。

在自然灾害和突发事件中，以暴力、威胁方法阻碍红十字会工作人员依法履行职责的，依照第一款的规定处罚。

故意阻碍国家安全机关、公安机关依法执行国家安全工作任务，未使用暴力、威胁方法，造成严重后果的，依照第一款的规定

六、业主委员会成员易触发和应防范的犯罪

处罚。

暴力袭击正在依法执行职务的人民警察的，处三年以下有期徒刑、拘役或者管制；使用枪支、管制刀具，或者以驾驶机动车撞击等手段，严重危及其人身安全的，处三年以上七年以下有期徒刑。

经验分享

一、暴力袭击正在依法执行职务的人民警察的，认定为袭警罪；对以暴力相威胁，如以杀害、伤害、毁坏财产、损坏名誉等方式对民警进行精神恐吓，从而阻碍警察依法执行职务的，不构成袭警罪，但可能构成妨害公务罪。

二、业主委员会成员要注意在国家机关工作人员介入处理纠纷时谨言慎行，防止冲动引发严重的法律后果。

54. 业主委员会主任魏某犯隐匿会计凭证、会计账簿罪

场景

2013年3月至5月,小区第三届业主委员会经业主大会临时会议投票表决终止职责,由小区所在地社区居委会代行业主委员会职责,并被要求移交财务凭证、账簿等材料。第三届业主委员会以罢免程序违法为由拒绝承认被终止职责,并拒绝移交财务凭证、账簿等材料。2016年12月,第三届业主委员会主任魏某将其任期内的财务凭证、账簿等材料擅自带回家中藏匿。

2017年1月,小区第四届业主委员会依法选举成立。同年5月8日、12月12日,第四届业主委员会两次向人民法院提起诉讼,要求被告人魏某等7名原小区第三届业主委员会成员移交银行账户及其存款,返还财务凭证、账簿、公章等。

2018年2月7日,法院对上述民事诉讼进行调解。被告人魏某在明知原告上述诉求的情况下仍然隐匿第三届业主委员会的财务凭证、账簿等材料,宣称2011年2月至2016年11月的相关财务凭证、账簿存放在原业主委员会办公室,后不知去向。2018年4月25日,法院裁定该案属于内部履行职务纠纷,驳回小区第四届业主委员会的起诉。

六、业主委员会成员易触发和应防范的犯罪

2019年6月，法院对小区第四届业主委员会要求返还财务凭证、账簿、公章等的起诉事项立案重审。同年6月8日，被告人魏某向法院提交再审答辩状，仍然隐匿第三届业主委员会相关财务凭证、账簿等材料的下落。

同年6月28日，被告人魏某在其家中被民警传唤。同日，民警在该室内查获小区第三届业主委员会相关银行日记账、现金日记账、财务凭证、账簿等材料。经审计，其中被隐匿的会计凭证金额达人民币1000万余元。

法院经审理认为，魏某犯隐匿会计凭证、会计账簿罪，判处有期徒刑六个月，并处罚金人民币20000元。

问题

魏某构成隐匿会计凭证、会计账簿罪吗？

解析

魏某构成隐匿会计凭证、会计账簿罪。

一、隐匿会计凭证、会计账簿罪，是指隐匿依法应当保存的会计凭证、会计帐簿，情节严重的行为。犯罪主体为一般主体，包括自然人和单位。主观方面由故意构成。侵犯的客体是国家的会计管理制度。客观方面表现为隐匿依法应当保存的会计凭证、会计账簿

的行为。

二、本罪认定的关键在于，行为人是否具有实施隐匿会计凭证、会计账簿的主观故意和客观行为。

三、本案中，魏某显然具有隐匿的主观故意，也具有隐匿会计凭证和会计账簿的客观行为，涉及金额达 1000 万余元，因此，构成隐匿会计凭证、会计账簿罪。

法条链接

《中华人民共和国刑法》

第一百六十二条之一　隐匿或者故意销毁依法应当保存的会计凭证、会计帐簿、财务会计报告，情节严重的，处五年以下有期徒刑或者拘役，并处或者单处二万元以上二十万元以下罚金。

单位犯前款罪的，对单位判处罚金，并对其直接负责的主管人员和其他直接责任人员，依照前款的规定处罚。

《最高人民检察院、公安部关于公安机关管辖的刑事案件立案追诉标准的规定（二）》

第八条　隐匿或者故意销毁依法应当保存的会计凭证、会计账簿、财务会计报告，涉嫌下列情形之一的，应予立案追诉：

（一）隐匿、故意销毁的会计凭证、会计账簿、财务会计报告涉及金额在五十万元以上的；

（二）依法应当向司法机关、行政机关、有关主管部门等提供

六、业主委员会成员易触发和应防范的犯罪

而隐匿、故意销毁或者拒不交出会计凭证、会计账簿、财务会计报告的；

（三）其他情节严重的情形。

经验分享

一、业主委员会成员，包括主任、副主任，以及业主委员会聘请的财务人员、秘书等人是有可能构成本案罪名的，当然，罪名也可能是隐匿会计凭证、会计账簿、财务会计报告罪，或者故意销毁会计凭证、会计账簿、财务会计报告罪。主要看具体的行为表现是怎样的，是"隐匿"还是"故意销毁"。

二、这类罪名往往发生在新老业主委员会换届交替阶段，出于种种原因，原业主委员会成员和其聘任人员拒不交出相关凭证、账簿，甚至故意销毁，存在刑事法律风险。关于本罪的追诉标准，涉案金额在50万元以上或有其他情节严重的情形等，即可追诉。

55. 业主委员会主任胡某犯职务侵占罪

场景

2014年12月，通过业主自行选举，胡某开始担任杭州某小区业主委员会第一届主任。任职期间，胡某利用经手、保管业主委员会钱款的职务便利，将收取的小区店面租金、押金、物业维修基金等业主共有资金，私自存入个人账户，除用于小区公共开支外，胡某采用虚列开支等手段，将其中部分资金用于个人投资及消费，共计侵占资金27万余元。

案发后，胡某自动投案，并如实供述上述事实；胡某已将赃款退还到小区对公账户。

法院认为：被告人胡某作为其他单位的人员，利用职务上的便利，将本单位的财物非法占为己有，数额较大，其行为已构成职务侵占罪。公诉机关指控罪名成立。被告人胡某案发后自动投案，并如实供述自己的罪行，且已退缴赃款，可以从轻处罚。据此，依照《中华人民共和国刑法》的有关规定，判决如下：被告人胡某犯职务侵占罪，判处有期徒刑一年二个月，缓刑一年六个月。

六、业主委员会成员易触发和应防范的犯罪

🔍 **问题**

胡某构成职务侵占罪吗?

📝 **解析**

胡某构成职务侵占罪。

一、职务侵占罪是指公司、企业或者其他单位的人员,利用职务上的便利,将本单位财物非法占为己有,数额较大的行为。

二、职务侵占罪的犯罪主体为特殊主体,包括公司、企业或者其他单位的人员。本罪行为主体的范围较广,只要行为人事实上在从事公司、企业或者其他单位的员工所从事的事务,原则上就应认定为本罪的行为主体。在犯罪客观方面表现为利用职务上的便利,侵占公司、企业或者其他单位财物,数额较大的行为。具体而言,包括以下三个方面:(1)必须是利用自己的职务上的便利。所谓利用职务上的便利,即利用自己主管、管理、经营、经手单位财物的便利条件。(2)必须将单位财物占为己有。本单位财物,是指单位依法占有的全部财产,包括本单位以自己名义拥有或虽不以自己名义拥有但为本单位占有的一切物权和债权。(3)必须非法占有了数额较大的单位财物。根据《最高人民法院、最高人民检察院关于办理贪污贿赂刑事案件适用法律若干问题的解释》(法释〔2016〕9号)第十一条第一款的规定,《中华人民共和国刑法》第一百六十三条

209

规定的非国家工作人员受贿罪、第二百七十一条规定的职务侵占罪中的"数额较大""数额巨大"的数额起点，按照本解释关于受贿罪、贪污罪相对应的数额标准规定的二倍、五倍执行。据此，职务侵占罪的立案标准为6万元。

三、业主委员会成员可归入职务侵占罪犯罪主体中的其他单位人员。胡某作为业主委员会主任，且利用其主任的职务便利即经手、保管业主委员会钱款，将收取的小区店面租金、押金、物业维修基金等业主共有资金，私自存入个人账户，并采用虚列开支等手段，将其中部分资金用于个人投资及消费，非法占为己有，构成职务侵占罪。

法条链接

《中华人民共和国刑法》

第二百七十一条第一款 公司、企业或者其他单位的工作人员，利用职务上的便利，将本单位财物非法占为己有，数额较大的，处三年以下有期徒刑或者拘役，并处罚金；数额巨大的，处三年以上十年以下有期徒刑，并处罚金；数额特别巨大的，处十年以上有期徒刑或者无期徒刑，并处罚金。

经验分享

业主委员会这一组织具有特殊性，其法律性质和法律地位并不十分清晰。但在职务侵占罪的认定方面，从刑事司法实践来看，业主委员会成员对业主共有财产或业主委员会财产的侵占行为很有可能被认定构成职务侵占罪。

56. 业主委员会主任黑某犯挪用资金罪

场景

2014年6月10日，深圳市某小区第二届业主委员会成立，黑某被选为第二届业主委员会主任，任期至2017年6月9日止。2015年3月6日，黑某以小区第二届业主委员会名义开设对公账户。2015年12月1日—8日，黑某在未经业主大会讨论和表决的情况下私自从小区第二届业主委员会的银行对公账户中分9次共将人民币44万元转至自己的个人银行账户，并于2015年12月8日将其中人民币40万元转账到何某的银行账户用于某公司2%的股权投资，又将剩余的人民币4万元用于借款转账给业主委员会成员李某。2016年5月20日，因小区业主要求对小区的账目进行财务审计，黑某从自己的另一个银行账户向小区第二届业主委员会的对公账户分九次转入人民币共44万元。

法院经审理认为，黑某作为业主委员会主任，利用职务上的便利，挪用业主委员会资金44万元归个人使用，用于营利活动或借贷给他人，数额较大，超过三个月未还，其行为已构成挪用资金罪。被告人归案后能如实供述自己的罪行，依法可以从轻处罚。判决如下：被告人黑某犯挪用资金罪，判处有期徒刑九个月。

六、业主委员会成员易触发和应防范的犯罪

问题

黑某构成挪用资金罪吗?

解析

黑某构成挪用资金罪。

一、挪用资金罪是指公司、企业或者其他单位的工作人员,利用职务上的便利,挪用本单位资金归个人使用或者借贷给他人,数额较大、超过三个月未还的,或者虽未超过三个月,但数额较大、进行营利活动的,或者进行非法活动的行为。

二、挪用资金罪包括以下三种行为:(一)挪用本单位资金归个人使用或者借贷给他人,数额较大、超过三个月未还的。注意,在这里被挪用资金的用途主要是归个人使用或者借贷给他人使用,但未用于营利活动或非法活动。而且挪用数额较大,时间上超过三个月未还,这两个条件要同时满足,缺一不可。(二)挪用本单位资金归个人使用或者借贷给他人,虽未超过三个月,但数额较大,进行营利活动的。只要数额较大,且进行营利活动,挪用时间不超过三个月也能定为挪用资金罪。所谓"营利活动",指用所挪用的资金进行经营或者其他获取利润的行为,至于其是否实际获得利润不影响本罪的成立。(三)挪用本单位资金进行非法活动的。这种行为没有挪用时间是否超过三个月的限制,也没有数额较大的限

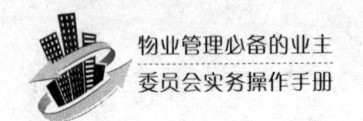

制，只要挪用本单位资金进行非法活动，就构成本罪。这里的"非法活动"是广义的，既包括一般的违法行为，如赌博、嫖娼，也包括犯罪行为，如走私、贩毒等。行为人只要具备上述三种行为中的一种就可以构成挪用资金罪，而不需要同时具备。

三、本案中，黑某的行为涉及上述第一种和第二种行为类别，已经构成挪用资金罪。

法条链接

《中华人民共和国刑法》

第二百七十二条 公司、企业或者其他单位的工作人员，利用职务上的便利，挪用本单位资金归个人使用或者借贷给他人，数额较大、超过三个月未还的，或者虽未超过三个月，但数额较大、进行营利活动的，或者进行非法活动的，处三年以下有期徒刑或者拘役；挪用本单位资金数额巨大的，处三年以上七年以下有期徒刑；数额特别巨大的，处七年以上有期徒刑。

国有公司、企业或者其他国有单位中从事公务的人员和国有公司、企业或者其他国有单位委派到非国有公司、企业以及其他单位从事公务的人员有前款行为的，依照本法第三百八十四条的规定定罪处罚。

有第一款行为，在提起公诉前将挪用的资金退还的，可以从轻或者减轻处罚。其中，犯罪较轻的，可以减轻或者免除处罚。

六、业主委员会成员易触发和应防范的犯罪

经验分享

一、以业主委员会名义开立的基本存款账户中的资金可否视为《中华人民共和国刑法》第二百七十二条规定的"本单位资金"？业主委员会主任或有关成员挪用属于全体业主的资金，能否构成刑法上挪用资金罪中所谓的"挪用本单位资金"？从司法实践来看，业主委员会名下基本存款账户的资金虽属全体业主的集体财产，但可以视为"本单位资金"。

二、挪用资金罪与职务侵占罪都属于侵犯财产罪，应注意二者的区分。尤其是，挪用资金罪行为人的目的在于非法取得本单位资金的使用权，但并不企图永久占有，而是准备用后归还；职务侵占罪行为人的目的在于非法取得本单位财物的所有权，而非暂时使用。

57. 业主委员会主任荣某犯诽谤罪

场景

自诉人刘某、李某、蔡某、肖某及被告人荣某系同一小区居民，其中刘某曾担任社区居委会主任，蔡某系社区党委书记，李某系小区业主委员会副主任，荣某系小区业主委员会主任。因为工作原因荣某与四名自诉人产生矛盾，自2006年起，荣某以在小区张贴纸质材料、在互联网发帖等形式，称自诉人是黑恶势力、贪污公款、侵占公共利益、实施打砸抢犯罪、破坏选举等，连续对四名自诉人进行人身攻击、诋毁名誉。

经查，荣某通过张贴纸质材料及网络发文等方式所说内容，并无证据证实。

法院经审理认为，被告人荣某无视国家法律与社会秩序，故意捏造虚构的事实，采取张贴纸质材料、在互联网发帖等形式散布自诉人是黑恶势力、贪污、侵占公共利益、实施打砸抢犯罪等内容，长期对自诉人公然诽谤，贬损他人人格、破坏他人名誉，尤其在有关部门对其所举报内容作出调查并向其反馈后，仍继续捏造散布虚构的事实。被告人荣某长期多次对他人实施诽谤行为，造成恶劣影响，情节严重，其行为已构成诽谤罪。自诉人控诉被告人荣某犯诽谤罪事实清楚，证据确实、充分，控诉罪名成立。根据被告人荣某

六、业主委员会成员易触发和应防范的犯罪

的犯罪事实、性质、情节及社会危害程度,依照《中华人民共和国刑法》第二百四十六条、第六十四条的规定,被告人荣某犯诽谤罪,判处有期徒刑一年六个月;作案工具电脑等物品予以没收,上缴国库。

问题

荣某构成诽谤罪吗?

解析

荣某构成诽谤罪。

一、诽谤罪,是指捏造并散布不存在的事实,败坏他人名誉,情节严重的行为。"捏造"是指无中生有、凭空制造虚假事实。诽谤罪要求公然诽谤,即必须有散布的行为。明知损害他人名誉的虚假事实仍然散布的,属于诽谤。

二、本案中,被告人荣某所说的他人的情况被证明都是虚构捏造的,其通过多种形式公开宣扬,又存在长期、多次诽谤的事实。因此,荣某构成诽谤罪。

法条链接

《中华人民共和国刑法》

第二百四十六条　以暴力或者其他方法公然侮辱他人或者捏造事实诽谤他人，情节严重的，处三年以下有期徒刑、拘役、管制或者剥夺政治权利。

前款罪，告诉的才处理，但是严重危害社会秩序和国家利益的除外。

通过信息网络实施第一款规定的行为，被害人向人民法院告诉，但提供证据确有困难的，人民法院可以要求公安机关提供协助。

经验分享

一、准确把握诽谤罪与正常的批评建议。随着人民群众民主意识、监督意识、维权意识不断增强，特别是网络媒体的日益普及与发展，公众表达意见的渠道更加广泛，人们通过一定形式和渠道对涉及公共利益的事项进行议论更加快捷，其中也包括一些公开评论、批评、指责。在这些现象之中，绝大多数属于行使言论自由权利、民主权利，进行舆论监督，个别的可能涉嫌侵犯他人名誉权。因此，需要正确区分正当批评建议与侵犯名誉权、批评失实与恶意捏造事实进行诽谤之间的法律界限。即使在善意的检举、揭发、批评中有不实成分，也不应以诽谤罪论处。

二、泄露并宣扬他人隐私，给他人名誉造成不良影响的，应认定为是侵害名誉权的行为，不构成诽谤罪。名誉权侵权属于民事纠纷，而诽谤罪属于刑事纠纷，且为自诉案件。

三、诽谤罪的犯罪对象是自然人。法人、团体、组织不能成为诽谤罪的犯罪对象。

七、政府监管

本章提要："地方人民政府有关部门、居民委员会应当对设立业主大会和选举业主委员会给予指导和协助。"业主大会和业主委员会，不论是成立过程中，还是成立之后的运行过程中，与政府有关部门都存在着指导、协助、监督的互动关系。在这些关系中，也较容易发生一些纠纷。本章着重就政府对业主组织的监管进行讨论。

58. 有街道办事处全程指导设立的业主大会，就代表成立合法吗？

场景

北京市某小区部分业主申请成立业主大会，街道办事处按规定指定筹备组组长，还派工作人员多次参与筹备组的工作，也参与了业主大会会议的唱票、计票现场工作。业主委员会向街道办事处提出备案申请时，街道办事处予以备案。但部分业主不满街道办事处的备案行为，认为业主委员会根本没有经过合法选举产生。业主委员会则提出一个观点，"业主大会的成立由地方人民政府有关部门全程指导和协助，选举程序合法，选举结果有效。"

问题

有街道办事处全程指导设立的业主大会，就代表成立合法吗？

解析

不是。

一、业主大会成立是否合法有实体方面和程序方面的诸多要求。在实体方面很关键的一点就是有没有达到"双过半"的要求，如果没有达到，显然业主大会就没有成立或者成立不合法。程序方面的要求就更多了。

二、政府有关部门对于设立业主大会、选举产生业主委员会有协助、指导、监督的职责和义务。履行这一职责和义务的方式方法又有很多，可以是现场指导，还有一些其他的灵活方式。但是，不能用有没有全程指导来衡量业主大会成立是否合法。

法条链接

《中华人民共和国民法典》

第二百七十七条　业主可以设立业主大会，选举业主委员会。业主大会、业主委员会成立的具体条件和程序，依照法律、法规的规定。

地方人民政府有关部门、居民委员会应当对设立业主大会和选举业主委员会给予指导和协助。

经验分享

一、街道办事处等政府有关部门的"全程指导"并不是一种强制要求，有关部门可以采取全程指导的方式来推动业主大会设立和业主委员会选举。

二、政府有关部门的指导行为取代不了筹备组、业主委员会的工作,"全程指导"绝不代表业主大会成立一定合法。

三、没有"全程指导"也不代表业主大会的成立就不合法。

59. 区管委会有义务向业主公开业主委员会备案资料吗？

场景

2015年4月28日，长沙市某区住建局（隶属于区管委会，被授权行使业主大会组建监管相关职能，但不具有独立承担法律责任能力）书面通知某小区第一届业主委员会，"你会提交的备案资料收悉"，并就有关事项进行了告知。

2017年1月9日，该小区业主周某以书面形式向区住建局提交了一份《关于公开小区第一次业主大会备案资料的书面申请》，要求该局在收到此申请后3日内公开其申请的信息。当日，该局工作人员在原告提交的申请书上作出了如下答复："小区业主大会、业主委员会成立相关资料由业主委员会自行保管，我局未予存档。"原告对此答复不服，于1月19日向该局局长反映情况，要求全面公开其申请的信息。当日，该局物业处在原告提交的书面申请上作出了如下回复："业主委员会成立的相关资料由小区业主委员会保管；成立的程序、要求经了解已在小区公示，并已自治产生业主委员会（第一届）。住建局作为行业监管部门，仅对业主委员会产生后的结果备案。请申请人找业主委员会查询，如不认可，可按本人提出要求向法院申诉。"

周某的要求被拒绝后，认为区住建局的上述行为存在严重的不作为与违法情况，给原告的生活造成了非常严重的影响，现小区物业管理混乱、业主委员会成员不作为等情况非常严重，遂将区管委会诉至法院，请求：一、判令被告公开小区业主委员会的备案资料；二、判令被告承担本案的诉讼费用。

问题

区管委会有义务向业主周某公开业主委员会备案资料吗？

解析

有义务。

一、本案中，区管委会负有履行业主委员会备案的职责，在其履行备案职责时也规定申请主体向其提交业主委员会备案材料，一般包括：（一）业主大会筹备组出具的业主大会成立和业主委员会选举情况的报告；（二）业主大会决议；（三）管理规约和业主大会议事规则；（四）业主委员会成员名单。因此，该区管委会在履行备案职责过程中必定获取了业主委员会备案材料。

二、政府信息公开义务，不仅包括本机关制作的信息，还包括在履行职责过程中获取的信息。本案信息属于后者。被告应当履行信息公开义务。

法条链接

《物业管理条例》

第十六条第一款 业主委员会应当自选举产生之日起30日内,向物业所在地的区、县人民政府房地产行政主管部门和街道办事处、乡镇人民政府备案。

《湖南省物业管理条例》

第十九条 业主委员会应当自选举产生之日起三十日内,将业主大会会议决定、管理规约、业主大会议事规则、业主委员会委员名单等材料报物业所在地的县(市、区)人民政府物业管理行政主管部门和街道办事处或乡镇人民政府备案,并书面告知相关居(村)民委员会。

《中华人民共和国政府信息公开条例》

第二条 本条例所称政府信息,是指行政机关在履行行政管理职能过程中制作或者获取的,以一定形式记录、保存的信息。

经验分享

一、政府信息既包括行政机关在履行行政管理职能过程中制作并保存的信息,也包括其在履行行政管理职能过程中获取并保存的信息。

二、如果当事人申请公开的信息系行政机关自身制作的或从公民、法人和其他组织获取的政府信息，该行政机关作为制作单位或保存单位，由其依法予以公开；如果所申请公开的信息系行政机关获取的其他行政机关的政府信息，由制作或者最初获取该政府信息的行政机关负责公开，应告知申请人所申请公开的信息不属其负责公开，并说明理由，能够确定负责该政府信息的行政机关的，告知申请人该行政机关的名称、联系方式；如果行政机关未制作、获取并保存所申请公开的信息，经检索也未找到的，告知申请人所申请公开的信息不存在。

60. 街道办事处可以解散业主委员会吗？

场景

2013年1月，浙江省宁波市某小区经业主选举出第三届业主委员会，成员共9名。2013年2月28日，业主委员会向区建设管理局备案。2016年，街道办事处称近期小区发生多起业主联名上访事件，小区业主委员会已有半数以上成员向社区提出辞职。街道办事处认为，业主委员会存在严重影响社区安定和公共秩序的情况。2016年1月29日，街道办事处发出《关于解散某小区业主委员会的通告》（以下简称《通告》），决定：根据《宁波市业主、业主大会、业主委员会指导规则》第六十八条、第六十九条、第七十一条的规定（业主委员会人数因辞职等原因，不足规定总数的1/2时，应当进行换届选举；业主委员会违反法律法规规定，严重影响社区安定和公共秩序，且拒不改正的，街道办事处可以决定解散业主委员会），解散第三届业主委员会，由社区居委会牵头换届选举工作。换届期间，业主委员会的工作暂由社区代行。同时要求第三届业主委员会在一周内上交全部印章，并将业主委员会保管的财务、档案等所有材料移交社区进行封存，待新一届业主委员会成立后再进行移交。

业主委员会认为，街道办事处作出的解散决定，认定事实不清，证据不足，适用法律、法规错误，系超越职权的行为。请求法院判决撤销被告街道办事处作出的《通告》。法院最终支持了业主委员会的诉请，判决撤销街道办事处于2016年1月29日作出的《通告》。

问题

街道办事处可以解散业主委员会吗？

解析

不可以。

一、按照《中华人民共和国民法典》《物业管理条例》规定，街道办事处等部门对于业主大会和业主委员会仅可实施行政指导行为，而不可实施行政强制行为。

二、本案中，街道办事处解散小区的第三届业主委员会、封存财务档案资料，均带有行政强制性，已超出行政指导职权范围。

三、《宁波市业主、业主大会、业主委员会指导规则》第六十九条因违反《中华人民共和国民法典》《物业管理条例》《浙江省物业管理条例》等上位法而不能适用。

四、业主委员会委员的选举、罢免均属业主自治范畴，应由业主通过业主大会会议进行决定。

法条链接

《中华人民共和国民法典》

第二百七十七条 业主可以设立业主大会，选举业主委员会。业主大会、业主委员会成立的具体条件和程序，依照法律、法规的规定。

地方人民政府有关部门、居民委员会应当对设立业主大会和选举业主委员会给予指导和协助。

《物业管理条例》

第十条 同一个物业管理区域内的业主，应当在物业所在地的区、县人民政府房地产行政主管部门或者街道办事处、乡镇人民政府的指导下成立业主大会，并选举产生业主委员会。但是，只有一个业主的，或者业主人数较少且经全体业主一致同意，决定不成立业主大会的，由业主共同履行业主大会、业主委员会职责。

《浙江省物业管理条例》

第四条 县级以上人民政府房产行政主管部门（以下称物业主管部门）负责本行政区域内物业管理的监督管理工作。

县级以上人民政府有关行政管理部门按照各自职责，协助做好本行政区域内物业管理的监督管理工作。

街道办事处、乡镇人民政府负责协调物业管理与社区建设之间的关系，协助物业主管部门对物业管理进行指导和监督。

《宁波市业主、业主大会、业主委员会指导规则》

第六十九条　业主委员会有下列情况之一，且拒不改正的，街道办事处（乡镇人民政府）或辖区物业主管部门可以决定解散业主委员会，并进行换届选举：

（一）违反法律法规规定，严重侵害业主合法权益的；

（二）违反法律法规规定，严重影响社区安定和公共秩序的；

（三）违反法律法规规定，出现组织、煽动业主拒交物业服务相关费用等违反物业服务合同约定的情形；

（四）长期不履行业主委员会职责，情节严重的。

《中华人民共和国行政强制法》

第九条　行政强制措施的种类：

（一）限制公民人身自由；

（二）查封场所、设施或者财物；

（三）扣押财物；

（四）冻结存款、汇款；

（五）其他行政强制措施。

第十二条　行政强制执行的方式：

（一）加处罚款或者滞纳金；

（二）划拨存款、汇款；

（三）拍卖或者依法处理查封、扣押的场所、设施或者财物；

（四）排除妨碍、恢复原状；

（五）代履行；

（六）其他强制执行方式。

经验分享

一、相关政府部门可以撤销业主大会、业主委员会的违法决定，但无权强行解散业主委员会。

二、地方政府部门在出台相关规范性文件时，一定要注意合法性审查，不可逾越法律、法规规定的界限。

61. 业主申请撤销业主大会决议时该如何处理？

场景

北京市朝阳区某小区召开业主大会会议，其中孙某等四名业主认为，小区没有按照法律法规规定，召开临时业主大会会议，如20%业主提议虚假，没有提前十五日公示等。

孙某等四名业主于2015年11月17日向属地街道办事处的行政办公室主任递交一份《申请撤销北京市朝阳区×小区业主大会决议》，主要内容为："2014年小区的业主大会决议违反《北京市物业管理办法》①和《业主大会和业主委员会指导规则》的有关规定……特此由小区业主孙某等申请撤销北京市朝阳区×小区业主大会决议。"街道办事处的行政办公室主任于同日出具一份书面材料，主要内容为："2015年11月17日中午11：50分收到孙某交来《申请撤销北京市朝阳区×小区业主大会决议》申请书1份。"

孙某等四名业主称，街道办事处对其递交的书面申请——《申请撤销北京市朝阳区×小区业主大会决议》拒不作为，故将街道办事处诉至法院，请求法院判决被告对四原告提出的《申请撤销北京市朝阳区×小区业主大会决议》作出处理。

---

① 已于2020年6月8日失效。现参见《北京市物业管理条例》。

七、政府监管

街道办事处辩称,业主大会决议的形成基于法定程序。街道办事处对302份表决书原件进行了清点验证,并封存于居委会。故业主大会决议符合《北京市物业管理办法》和《业主大会和业主委员会指导规则》街道办事处的规定。涉案的业主大会决议程序及内容均合法。街道办事处行政办公室主任称将上述《申请撤销北京市朝阳区×小区业主大会决议》交给信访办,街道办事处称因与业主孙某等四人有相应的行政诉讼,故未进行答复。

法院判决:责令被告街道办事处于判决生效之日起十个工作日内对原告孙某等四人于2015年11月17日提出的《申请撤销北京市朝阳区×小区业主大会决议》的申请作出处理。

问题

业主申请撤销业主大会决议时,街道办事处该如何处理?

解析

街道办事处具有对辖区内业主大会作出的违反法律、法规的决定予以撤销的法定职责,应按如下步骤处理:

一、受理申请。也就是说如果有业主提出相关申请,街道办事处首先应当受理,接收申请材料。本案中,街道办事处做到了这一点。

二、调查核实。街道办事处接到申请材料后，应当对申请材料中的事项进行调查核实，到底真实的情况如何，举报情况是否属实，都应当调查清楚。本案中，街道办事处也做了相应的调查工作，有了自己的意见。

三、作出答复。街道办事处在调查核实的基础上答复申请人的申请，如果认为申请事项有理有据、符合规定，就应该责令改正或者直接撤销。如果认为申请事项没有依据，也应该答复并阐明观点。本案中，街道办事处未作出答复。

法条链接

《物业管理条例》

第十九条第二款 业主大会、业主委员会作出的决定违反法律、法规的，物业所在地的区、县人民政府房地产行政主管部门或者街道办事处、乡镇人民政府，应当责令限期改正或者撤销其决定，并通告全体业主。

《中华人民共和国行政诉讼法》

第三十八条 在起诉被告不履行法定职责的案件中，原告应当提供其向被告提出申请的证据。但有下列情形之一的除外：

（一）被告应当依职权主动履行法定职责的；

（二）原告因正当理由不能提供证据的。

在行政赔偿、补偿的案件中，原告应当对行政行为造成的损害提供证据。因被告的原因导致原告无法举证的，由被告承担举证责任。

📝 经验分享

一、属于政府法定职责的事项，受理申请只是第一步，调查核实是关键，依法作出答复才算完整履行职责。否则，调查核实工作再充分，而未对申请进行必要答复，就构成行政不作为的违法行为，应承担相应的法律后果。

二、在起诉行政主体不履行法定职责的案件中，原告应当提供其向被告提出申请的证据，其他举证责任均由被告，即行政主体承担。

62. 街道办事处督促业主委员会召开业主大会临时会议未果，可否直接组织开会？

场景

2015年12月初，天津市河北区某小区业主佟某等三人向当地街道办事处提交182名业主签名（该小区总计708户，超过小区20%以上业主）的联名信，要求街道办事处履行监督指导职责，督促业主委员会组织召开业主大会，提前更换本届业主委员会，并由社区居委会成立筹备组，选举新一届业主委员会。街道办事处将此事通知业主委员会，业主委员会对联名信的182名业主签名的真实性表示质疑。2016年1月5日，街道办事处委托社区居委会张贴《公告》。

《公告》内容为："2015年12月初，小区20%以上业主（182名）签署联名信，要求组织召开业主大会，对是否更换小区本届业主委员会进行表决。由于业主委员会对表决事项存在异议，拒绝按照相关规定组织召开业主大会，为此，根据《天津市业主大会和业主委员会活动规则》第四十四条之规定，社区居委会受街道办事处委托，将于2016年1月20日起就'提前更换本届业主委员会并由居委会成立筹备组选举新一届业主委员会'的事项以书面形式召开业主大会进行表决，具体表决操作流程另行通知。"

业主委员会不服上述《公告》，要求判令被诉《公告》违法并

七、政府监管

终止。业主委员会诉称,业主委员会自产生后,先后做了大量工作,赢得了大部分业主的认可。然而,在2016年1月5日,街道办事处却擅自委托社区居委会发布《公告》,以"经小区20%以上业主(182名)签署联名信,要求组织召开业主大会"为由擅自决定在2016年1月20日起就"提前更换本届业主委员会并由居委会成立筹备组选举新一届业主委员会"的事项召开业主大会进行表决。该联名信上存在多处人员签字笔迹相同,以及4-1801业主赵某民,该人已于2014年去世,但仍出现在签署人中。业主委员会将该情况告知街道办事处,然而,街道办事处仍旧一意孤行,街道办事处这一单方面决定的具体行政行为严重侵害了业主委员会的合法权益。

法院认为,街道办事处对业主委员会对联名信真伪所提出的异议并未全面核实。判决如下:撤销被告街道办事处委托第三方社区居委会于2016年1月5日作出的《公告》。

问题

街道办事处督促业主委员会召开业主大会临时会议未果,可否直接组织开会?

解析

本案中,街道办事处的做法欠妥,不可直接组织召开业主大会临时会议。

一、街道办事处具有指导和监督本辖区内业主大会和业主委员会的日常活动的法定职责，通过发布相关公告的形式履行职责并无不可。

二、业主向业主委员会提出召开业主大会临时会议后，如符合条件，业主委员会应当及时组织召开。如果业主委员会不履行职责，街道办事处可以督促业主委员会履行职责。

三、本案中，业主委员会对20%的提议业主人数有异议，街道办事处应当自行或会同业主委员会核实清楚异议是否成立，然后再行确定是否督促业主委员会履行职责。如果业主委员会异议不成立，街道办事处因此督促业主委员会履行职责而业主委员会仍不履行的，此时街道办事处可以发布类似本案的《公告》。但不能如本案中，在并未核实清楚的情况下，就发布《公告》"直接接手"组织召开业主大会临时会议。

法条链接

《物业管理条例》

第十三条 业主大会会议分为定期会议和临时会议。

业主大会定期会议应当按照业主大会议事规则的规定召开。经20%以上的业主提议，业主委员会应当组织召开业主大会临时会议。

七、政府监管

《业主大会和业主委员会指导规则》

第五十一条　业主委员会未按业主大会议事规则的规定组织召开业主大会定期会议,或者发生应当召开业主大会临时会议的情况,业主委员会不履行组织召开会议职责的,物业所在地的区、县房地产行政主管部门或者街道办事处、乡镇人民政府可以责令业主委员会限期召开;逾期仍不召开的,可以由物业所在地的居民委员会在街道办事处、乡镇人民政府的指导和监督下组织召开。

《天津市业主大会和业主委员会活动规则》

第四十四条第五款　发生应当召开业主大会临时会议的情形,业主委员会不履行组织召开会议职责的,由街道办事处或者乡镇人民政府组织召集,其他任何单位和个人不得组织召集。

经验分享

在20%以上业主联名要求组织召开业主大会临时会议,业主委员会对联名信真伪提出异议的情况下,街道办事处应当首先核实情况。如确实符合召开条件,街道办事处应在核实后告知业主委员会应当依法、依规召开业主大会临时会议,以及如业主委员会不召开则由街道办事处组织召开的后果。

63. 街道办事处可因一定事由宣布业主委员会印章作废吗?

场景

江苏省淮安市某业主委员会成立于2015年4月24日，并经街道办事处备案，任期4年，至2019年4月23日任期届满。2018年底，街道办事处要求业主委员会在任期届满前3个月组织召开业主（代表）大会会议进行换届选举。

2019年2月24日，业主委员会向业主代表发布内容为变更业主委员会任期四年为五年的通知。2019年4月22日，业主委员会向街道办事处提交报告，称"于2019年4月7日再次召开业主代表大会临时会议，采用书面征求意见的形式对任期更改作出表决，共21名业主代表参加，投票结果为20人同意将任期更改为5年，特此报备。"

街道办事处认为，将任期由4年变更为5年违反了相关法规和议事规则，不予备案，并于2019年4月24日发布《公告》，内容为："原业主委员会未能在届满前选举出新一届业主委员会，故根据《业主大会和业主委员会指导规则》第五十八条之规定，由社区居委会代行业主委员会职责，并筹划召开业主大会选举产生新一届业主委员会。"同日，街道办事处还发布了《印章作废声明》，内容

七、政府监管

为："现因原业主委员会任期届满，自2019年4月24日起作废'清河区××小区（一期）业主委员会'印章（编码32……4）"。

业主委员会认为，街道办事处发布的《印章作废声明》侵害了其合法权益，应当撤销该声明。

问题

本案中，街道办事处作出《印章作废声明》违法吗？是否应当予以撤销？

解析

本案中，街道办事处作出的《印章作废声明》超越职权，应予撤销。

一、原业主委员会任期届满后，应当履行档案资料及印章移交手续，一般应当移交给新一届业主委员会。

二、在业主委员会任期届满未选出新一届业主委员会期间，如果街道办事处决定由居委会代行业主委员会职责，可以要求原业主委员会将印章交居委会代管。原业主委员会不配合的，可以请求物业所在地的公安机关协助移交。

三、根据《民办非企业单位印章管理规定》，印章的准刻、备案、销毁工作均由公安机关负责，街道办事处并无作废印章的法定职权。

法条链接

《业主大会和业主委员会指导规则》

第四十八条 业主委员会应当自任期届满之日起 10 日内,将其保管的档案资料、印章及其他属于业主大会所有的财物移交新一届业主委员会。

第五十五条 违反业主大会议事规则或者未经业主大会会议和业主委员会会议的决定,擅自使用业主大会印章、业主委员会印章的,物业所在地的街道办事处、乡镇人民政府应当责令限期改正,并通告全体业主;造成经济损失或者不良影响的,应当依法追究责任人的法律责任。

第五十六条 业主委员会委员资格终止,拒不移交所保管的档案资料、印章及其他属于全体业主所有的财物的,其他业主委员会委员可以请求物业所在地的公安机关协助移交。

业主委员会任期届满后,拒不移交所保管的档案资料、印章及其他属于全体业主所有的财物的,新一届业主委员会可以请求物业所在地的公安机关协助移交。

经验分享

一、街道办事处一定要区分清楚行政监督管理与业主自治管理的界限。

二、在业主大会议事规则、业主委员会规章制度中应当细化印章管理制度，专人保管，并明确使用、保管、移交、注销的情形。

八、争议与诉讼

本章提要： 本章重点讨论业主、业主大会、业主委员会、政府有关部门、居民委员会之间发生争议及诉讼（民事、行政）的典型案例。

64. 业主大会筹备组有行政诉讼主体资格吗？

场景

海南省琼海市某小区为成立业主大会，在当地镇政府的指导下组建了以镇政府工作人员为组长的筹备组，由业主15人、开发商代表1人为筹备组成员，共17人。后因故住房保障与房产管理局出具《不予备案告知书》不予业主委员会备案。业主大会筹备组认为，住房保障与房产管理局出具《不予备案告知书》的直接对象是小区业主大会筹备组，也就是行政行为的相对人，因不服该告知书，遂以业主大会筹备组的名义提起行政诉讼。法院最终驳回了原告的起诉。

问题

业主大会筹备组有行政诉讼主体资格吗？

解析

这是具有争议的一个问题，不同的情形下可能会有不同的答案。

一、行政行为的相对人以及其他与行政行为有利害关系的公民、法人或者其他组织，有权提起行政诉讼。毫无疑问，业主大会筹备组不是公民，也不是法人，但它到底算不算其他组织？目前，实践中对此还有不同看法。笔者认为，业主大会筹备组可以算为其他组织。

二、本案中，法院仍应驳回业主大会筹备组的起诉，并非基于它不是其他组织的理由，而是说，本案应当由业主委员会作为原告提起诉讼。

法条链接

《中华人民共和国行政诉讼法》

第四十九条　提起诉讼应当符合下列条件：

（一）原告是符合本法第二十五条规定的公民、法人或者其他组织；

（二）有明确的被告；

（三）有具体的诉讼请求和事实根据；

（四）属于人民法院受案范围和受诉人民法院管辖。

经验分享

一、其实，如本案的情况，如要提起行政诉讼，可以业主委员会的名义提起。业主委员会备案的行政相对人是业主委员会，而非业主大会筹备组。

二、在有些行政诉讼中,应承认业主大会筹备组的行政诉讼主体资格,如街道办事处宣布解散业主大会筹备组。此时,业主大会筹备组与解散业主大会筹备组这一具体行政行为具有直接利害关系,宣布筹备组解散意味着通过一定程序成立的筹备组不复存在,无法履行筹备业主大会的职责。业主大会筹备组作为行政相对人,有权提起行政诉讼予以救济。

三、在民事诉讼中,业主大会筹备组有无民事诉讼主体资格,道理与行政诉讼是一样的。

八、争议与诉讼

65. 法院可以依据《管理规约》作出判决吗？

场景

北京市某小区首次业主大会通过的《管理规约》第十条关于"禁止行为"规定，业主、物业使用人在使用物业中，除应当遵守法律、法规政策的规定外，不得从事下列危及建筑物安全或者损害他人合法权益的行为：（一）擅自改变房屋建筑及其设施设备的结构、外貌（含外墙、外门窗、阳台等部位设施的颜色、形状和规格）、设计用途、功能和布局等；（二）对房屋的内外承重墙、梁、柱、板、阳台进行违规凿、拆、搭、建……（五）违法搭建建筑物、构筑物。《业主大会议事规则》第十七条规定，业主委员会成员由物业管理区域内的业主担任，并应当符合下列条件：……（六）履行业主义务，无损害业主共同权益的行为……第十八条规定，有以下行为的业主不能担任业主委员会成员：（一）擅自（不含封闭阳台和门斗）搭建建筑物、构筑物……

2019年，业主大会定期会议上举行业主委员会换届选举，部分成员更换，戚某等人当选，于是向镇政府申请备案。与此同时，有业主举报戚某等人私搭乱建。城管部门出具告知书，认定戚某等业主委员会部分成员存在违法建设的行为。镇政府对业主委员会的备案申请不予备案。后业主委员会诉至法院，法院认为《管理规约》

251

具有法律效力，镇政府不予备案的行为并无不妥。

🔍 问题

法院可以依据《管理规约》作出判决吗？

解析

可以。

一、依法经业主大会表决通过的《管理规约》，可以产生法律上的效力，对全体业主具有约束力，在业主委员会选举过程中也应当遵守。

二、相关指导规则规定了业主委员会成员的任职条件，业主委员会成员应当具备相关条件，其中包括遵守《管理规约》。

三、除了法律法规及其他规范性文件规定的业主委员会成员的任职条件之外，如果《管理规约》也规定了相关条件，业主委员会成员也应当符合。备案机关及司法部门在审核或裁判时，可以作为相关依据加以援引。

法条链接

《物业管理条例》

第十七条 管理规约应当对有关物业的使用、维护、管理，业主的共同利益，业主应当履行的义务，违反管理规约应当承担的责任等事项依法作出约定。

管理规约应当尊重社会公德，不得违反法律、法规或者损害社会公共利益。

管理规约对全体业主具有约束力。

《业主大会和业主委员会指导规则》

第三十一条　业主委员会由业主大会会议选举产生，由5至11人单数组成。业主委员会委员应当是物业管理区域内的业主，并符合下列条件：

（一）具有完全民事行为能力；

（二）遵守国家有关法律、法规；

（三）遵守业主大会议事规则、管理规约，模范履行业主义务；

（四）热心公益事业，责任心强，公正廉洁；

（五）具有一定的组织能力；

（六）具备必要的工作时间。

经验分享

管理规约不应成为摆设，业主委员会成员首先也是业主，自然应当遵守业主自治管理文件，而且相比一般业主更应当自觉遵守。

66. 业主可以起诉请求法院撤销业主委员会备案吗？

场景

重庆市綦江区某小区召开首次业主大会会议后，选举产生了首届业主委员会。2015年11月5日，当地街道办事处办理了业主委员会备案手续。业主杨某等人认为，小区申请召开首次业主大会会议的申请名单，没有附业主房地产权证或房屋买卖合同复印件，不符合规定；首届业主大会没有统计表决《业主大会议事规则》《管理规约》、业主委员会的户数所代表的面积，严重违反相关法律的明确规定；业主大会的表决票不能确定是否为业主本人的真实意思表示，且最终的表决结果不符合表决比例的法定要求；业主委员会成员拒不履行缴纳物业管理费的义务等，均表明该小区业主委员会的选举严重违法。业主杨某等人诉至法院，请求法院撤销街道办事处作出的业主委员会备案决定。

问题

业主杨某等人可以起诉请求法院撤销业主委员会备案吗？

八、争议与诉讼

解析

不可以。法院应当驳回杨某等人的起诉。

一、在本案中,业主委员会备案是针对业主委员会作出的,业主杨某等人不具有原告诉讼主体资格。

二、业主杨某等人与街道办事处的业主委员会备案行为,并无法律上的直接利害关系。

三、业主认为业主委员会选举过程中存在问题的,可以向物业所在地街道办事处申请核实,街道办事处应根据核实情况作出处理决定。

法条链接

《中华人民共和国行政诉讼法》

第四十九条 提起诉讼应当符合下列条件:

(一)原告是符合本法第二十五条规定的公民、法人或者其他组织;

(二)有明确的被告;

(三)有具体的诉讼请求和事实根据;

(四)属于人民法院受案范围和受诉人民法院管辖。

《最高人民法院关于适用〈中华人民共和国行政诉讼法〉的解释》

第五十四条 依照行政诉讼法第四十九条的规定,公民、法人或者其他组织提起诉讼时应当提交以下起诉材料：

（一）原告的身份证明材料以及有效联系方式；

（二）被诉行政行为或者不作为存在的材料；

（三）原告与被诉行政行为具有利害关系的材料；

（四）人民法院认为需要提交的其他材料。

由法定代理人或者委托代理人代为起诉的，还应当在起诉状中写明或者在口头起诉时向人民法院说明法定代理人或者委托代理人的基本情况，并提交法定代理人或者委托代理人的身份证明和代理权限证明等材料。

《重庆市物业管理条例》

第二十七条第二款　公示期内，业主认为业主委员会的产生过程违反程序或者存在弄虚作假等情况的，可以向物业所在地街道办事处、乡（镇）人民政府申请核实。街道办事处、乡（镇）人民政府应当自收到申请之日起三十日内进行核实，根据核实情况作出处理决定，并及时向申请人反馈。

经验分享

是否与具体行政行为具有"法律上的利害关系"是审查行政诉讼原告资格的标准。

八、争议与诉讼

67. 业主可以对政府关于组建业主大会筹备组的指导意见提起行政诉讼吗？

场景

广东省中山市某小区业主委员会于 2015 年 6 月 19 日届满。2016 年 12 月 19 日，小区部分业主（共 39 人）向镇政府的内设机构镇住建局递交了《关于成立业主委员会的申请》，请求在政府相关部门的关心指导下，按相关程序成立新的业主委员会，请求镇政府给予支持和指导。2017 年 1 月 9 日，镇住建局和社区居民委员会向小区业主发布了《关于组建小区第七次业主大会筹备组的指导意见》，内容为："尊敬的小区业主：我局近日收到你们小区业主代表递交的要求协助组织召开业主大会选举新一届业主委员会的书面申请。小区物业公司在 2016 年 10 月 20 日发出退管公告，宣布从 2017 年 3 月 1 日起退出小区物管服务工作。由于届时小区的二次供水、供电、卫生保洁、治安、设备抢修等都出现管理缺位，必然对小区 4599 户业主的生活造成严重影响。在面临物业退管、新一届业主委员会尚未成立的情况下，为保证小区的平稳过渡，经我镇多部门商议，按照《广东省物业管理条例》及《业主大会和业主委员会指导规则》的相关规定，我们倡议组建业主大会筹备组并着手筹备业主大会的相关工作。一、筹备组业主代表的任职

257

条件……二、筹备组有效期及职责……三、筹备组的组成及组建形式……四、筹备组业主代表组成和产生办法……"业主梁某、任某认为，镇住建局、镇政府从2017年1月9日开始组建"业主大会筹备组"和组织召开所谓"小区第七次业主大会（会议）"的行政行为侵犯了小区广大公民的权益，故诉至法院，请求为：（1）确认被告镇住建局和镇政府滥用行政权力，被告镇住建局和镇政府从2017年1月9日开始组建"业主大会筹备组"和组织召开所谓"小区第七次业主大会（会议）"的行政行为违法；（2）判决被告镇住建局和镇政府有关责任人员到小区中心广场向小区业主赔礼道歉；（3）判令被告镇住建局和镇政府承担本案的诉讼费用。法院未支持业主梁某、任某的诉讼请求。

问题

业主可以对政府关于组建业主大会筹备组的指导意见提起行政诉讼吗？

解析

业主的该类诉讼不应得到支持。

一、政府相关部门对业主大会、业主委员会的成立、运作具有协助、指导、监督的法定职责。镇住建局向小区业主发布《关于组建小区第七次业主大会筹备组的指导意见》,从 2017 年 1 月 9 日开始组建"业主大会筹备组"和组织召开"小区第七次业主大会(会议)"的行为是其履行前述法定职责的表现,符合法律规定。

二、政府及相关部门发出的《关于组建小区第七次业主大会筹备组的指导意见》针对的是小区全体业主,业主梁某、任某并非行政相对人,其无权提起行政诉讼。

三、政府及相关部门发布的《关于组建小区第七次业主大会筹备组的指导意见》,性质上属于行政指导行为,不具有强制力,不属于可诉的行政行为,不属于人民法院行政诉讼的受案范围。因此,对梁某、任某的起诉应予驳回。

法条链接

《中华人民共和国民法典》

第二百七十七条　业主可以设立业主大会,选举业主委员会。业主大会、业主委员会成立的具体条件和程序,依照法律、法规的规定。

地方人民政府有关部门、居民委员会应当对设立业主大会和选举业主委员会给予指导和协助。

《广东省物业管理条例》

第五条　街道办事处、乡镇人民政府会同物业所在地的区、县人民政府房地产行政主管部门对设立业主大会和选举业主委员会给予指导和协助，协调处理物业管理中的纠纷。居民委员会、村民委员会予以协助和配合。

《中华人民共和国行政诉讼法》

第二十五条第一款　行政行为的相对人以及其他与行政行为有利害关系的公民、法人或者其他组织，有权提起诉讼。

《最高人民法院关于适用〈中华人民共和国行政诉讼法〉的解释》

第一条第二款第（三）项　下列行为不属于人民法院行政诉讼的受案范围：行政指导行为。

第十二条　有下列情形之一的，属于行政诉讼法第二十五条第一款规定的"与行政行为有利害关系"：

（一）被诉的行政行为涉及其相邻权或者公平竞争权的；

（二）在行政复议等行政程序中被追加为第三人的；

（三）要求行政机关依法追究加害人法律责任的；

（四）撤销或者变更行政行为涉及其合法权益的；

（五）为维护自身合法权益向行政机关投诉，具有处理投诉职责的行政机关作出或者未作出处理的；

（六）其他与行政行为有利害关系的情形。

经验分享

行政指导行为不具有可诉性。属于全体业主整体利益的，单个业主无权起诉。

八、争议与诉讼

68. 业主撤销权诉讼中,谁应承担业主大会决议合法的证明责任?

场景

北京市某小区有 620 户业主,于 2016 年选举产生了业主委员会,并在属地街道办事处备案。但是孟某等多位业主称对此并不知情,随后通过入户调查,发现约有 370 户(约占总户数的 60%)业主对选举产生的业主委员会不知情,认为刘某等业主委员会成员不能代表广大业主。所以,他们认为不可能有过半数的业主同意选举了业主委员会。孟某等人将业主委员会诉至法院,请求撤销小区业主大会于 2016 年 5 月 2 日备案的小区业主大会决议。业主大会决议内容之一就是选举的业主委员会各成员,直接关系业主委员会成立的合法性问题。

业主委员会举证得票统计,但这份证据仅有同意决议事项人数的统计,没有对专有部分占建筑物总面积数的业主是否过半数同意进行统计。孟某等业主认为,业主委员会不能证明业主大会决议合法,就应当撤销该决议。而业主委员会针锋相对,认为原告提起诉讼,应当由原告证明业主大会决议违法,否则不能撤销业主大会决议。

261

问题

业主撤销权诉讼中，谁应承担业主大会决议合法的证明责任？

解析

业主委员会承担证明责任。

一、从司法实践看，一般要求业主委员会承担证明业主大会决议合法的责任，在业主委员会无法提供充分的证据予以证明的情况下，应承担举证不能的不利后果。

二、如果综合、客观地考量当事人的举证能力，那么也是业主委员会更有能力对业主大会决议是否合法予以证明。在业主大会筹备、业主大会会议召开、唱票计票、业主委员会委员选举等诸多环节所形成的资料，业主委员会更有能力获取。相反，单个业主基本无法获得这些资料。

三、本案中，业主委员会仅能提交得票统计作为支持己方主张的主要证据，但是得票统计仅有同意业主大会决议事项人数的统计，没有对专有部分占建筑物总面积数的业主是否过半数同意进行统计，无法证明业主委员会选举经过了双过半同意。因此，应当承担举证不能的不利后果。

八、争议与诉讼

法条链接

《最高人民法院关于审理建筑物区分所有权纠纷案件适用法律若干问题的解释》

第十二条 业主以业主大会或者业主委员会作出的决定侵害其合法权益或者违反了法律规定的程序为由,依据民法典第二百八十条第二款的规定请求人民法院撤销该决定的,应当在知道或者应当知道业主大会或者业主委员会作出决定之日起一年内行使。

经验分享

业主大会筹备组、业主委员会在组织召开(首次)业主大会会议过程中一定要做到程序规范,保留好各项文件资料。

69. 有业主委员会主任的签字后可提起行政诉讼吗？

场景

辽宁省大连市某街道办事处于2018年4月13日向某小区全体业主发布《通知》，内容为："小区业主委员会成立于2016年12月19日，有九名正式成员、两名候补成员。近期有六名正式成员、两名候补成员向社区提交书面辞职信。因此，小区第一届业主委员会仅剩三名成员，达不到半数且无候补成员，无法正常履行业主委员会职责。根据《业主大会和业主委员会指导规则》第五十八条及《小区业主大会议事规则》第二十七条之规定，现由社区居民委员会代行业主委员会的职责。社区居民委员会将适时组织召开临时业主大会，重新选举业主委员会。特此通知。"

业主委员会主任张某认为，街道办事处行为违法，擅自干涉平等民事主体之间的民事纠纷，不是"不作为"而是"乱作为"。张某在未经业主大会同意的情况下，以业主委员会名义起诉，起诉状盖章落款处只有业主委员会主任张某的签字。那么，仅有张某个人签字就可以提起行政诉讼吗？

八、争议与诉讼

🔍 问题

有业主委员会主任的签字后就能提起行政诉讼吗?

解析

不能。

一、业主委员会是业主大会的执行机构,执行业主大会的决定是其履行职责的法定条件,没有经业主大会同意和授权,业主委员会无权就涉及全体业主共同利益的事项作出决定,包括是否提起诉讼。

二、业主委员会尚无权单独决定是否提起本案诉讼。业主委员会主任个人当然更无权以业主委员会名义提起诉讼。

法条链接

《业主大会和业主委员会指导规则》

第三十二条　业主委员会委员实行任期制,每届任期不超过5年,可连选连任,业主委员会委员具有同等表决权。

业主委员会应当自选举之日起7日内召开首次会议,推选业主委员会主任和副主任。

经验分享

业主委员会主任、副主任及其他成员在业主委员会中享有同等的表决权,业主委员会主任并不比其他成员"高人一等"。

八、争议与诉讼

70. 街道办事处对业主委员会备案申请不予处理，若业主委员会不满，应在多长时间内起诉？

场景

四川省绵阳市某小区于2018年4月7日召开首次业主大会会议，因当天实际投票人数未达到全体业主的一半，经业主大会筹备组集体讨论决定，延长投票时间至2018年4月15日。延长投票期限届满后，业主大会筹备组组织人员统计出了小区业主委员会成员候选人的各自所得票数。2018年5月24日，业主委员会向属地街道办事处提交申请备案书。街道办事处一直未予备案。

后来业主委员会将街道办事处诉至法院，请求法院判决街道办事处办理业主委员会备案。关于提起诉讼的时间，原告业主委员会陈述于2019年3月3日左右提起行政诉讼，法院核实立案情况是原告于2019年4月3日提起行政诉讼。法院最终以原告超过法定起诉期限要求为由判决驳回原告的起诉。

问题

街道办事处对业主委员会备案申请不予处理，若业主委员会不满，应在多长时间内起诉？

267

解析

六个月内。

一、备案机关对业主委员会的备案申请不予处理，也就是说，备案机关接到业主委员会的备案申请后，在法定的备案期限内，既不同意备案并办理备案手续，也不表示不同意备案、做出不予备案决定。通俗说，相关政府部门一直"搁置"申请，对申请人的申请始终"不闻不问"。

二、上述行为，备案机关属"不履行法定职责"。对此，原告应当在行政机关履行法定职责期限届满之日起六个月内提出。

三、本案中，业主委员会于2018年5月24日向被告街道办事处提交了备案申请，被告未在两个月内履行法定职责进行备案登记，原告应该在两个月履行期限届满后六个月内向法院提起诉讼，即在2019年1月24日前提起行政诉讼。无论是经法院核实的原告提起行政诉讼的时间是2019年4月3日，还是原告陈述的其于2019年3月3日左右提起行政诉讼，均超过了法定起诉期限。因此，对业主委员会的起诉应予驳回。

法条链接

《中华人民共和国行政诉讼法》

第四十七条 公民、法人或者其他组织申请行政机关履行保护其人身权、财产权等合法权益的法定职责，行政机关在接到申请之日起两个月内不履行的，公民、法人或者其他组织可以向人民法院提起诉讼。法律、法规对行政机关履行职责的期限另有规定的，从其规定。

公民、法人或者其他组织在紧急情况下请求行政机关履行保护其人身权、财产权等合法权益的法定职责，行政机关不履行的，提起诉讼不受前款规定期限的限制。

第四十八条 公民、法人或者其他组织因不可抗力或者其他不属于其自身的原因耽误起诉期限的，被耽误的时间不计算在起诉期限内。

公民、法人或者其他组织因前款规定以外的其他特殊情况耽误起诉期限的，在障碍消除后十日内，可以申请延长期限，是否准许由人民法院决定。

《最高人民法院关于适用〈中华人民共和国行政诉讼法〉的解释》

第六十六条 公民、法人或者其他组织依照行政诉讼法第四十七条第一款的规定，对行政机关不履行法定职责提起诉讼的，应当在行政机关履行法定职责期限届满之日起六个月内提出。

第六十九条第一款第（二）项 有下列情形之一，已经立案的，应当裁定驳回起诉：超过法定起诉期限且无行政诉讼法第四十八条规定情形的。

经验分享

行政诉讼中，不论是原告还是被告都要十分注意起诉期限问题。对于原告来说，超过起诉期限就意味着行政相对人要么被告知不予立案，要么立案后驳回起诉，即丧失了起诉权。对于被告来说，可以直接请求法院驳回原告的起诉。当然，起诉期限属于起诉的条件，法院应当依职权审查起诉期限。

71. 业主委员会可以起诉业主，追缴拖欠的物业费吗？

场景

徐某系北京市海淀区某小区的业主。2014年5月20日，小区通过业主大会决议，选举产生了业主委员会，并决定终止与物业公司的服务合同，由业主委员会以"自管"方式接手物业服务工作。2015年3月20日，业主委员会通过《关于通过法律手段追缴长期拖欠物业费决议》，决定对未缴物业费的业主提起诉讼，追讨物业费、滞纳金和诉讼各项费用。同年8月25日，业主委员会向业主发出《投票情况统计报告》，公布了关于"对欠费业主起诉""欠费缴滞纳金"等事项的业主投票统计情况，上述两项事项均获通过。

业主委员会认为其是小区物业管理机构，徐某欠缴2016年1月1日至2018年12月31日期间的物业费合计30765.6元。业主委员会将徐某诉至法院。徐某辩称：有权收取物业费的主体仅限物业公司，业主委员会属于业主自治组织，不具有收取物业费的资质，仅有监督、督促业主缴纳物业费的义务，故业主委员会主体资格不适格。最终，法院判令徐某向业主委员会缴纳欠费。

问题

业主委员会可以起诉徐某要求其缴纳物业费吗？

解析

可以。

一、物业管理服务并不仅限于由物业服务公司提供管理服务这一种形式，业主自行管理物业也是法律所允许的。

二、本案中业主大会通过决议，决定小区自管，由业主委员会接管物业服务工作，是业主自行管理物业的方式之一。合法的业主大会决定和业主委员会决定对业主具有约束力。这种情况下，业主委员会有权向业主收取物业费。

三、业主依法有缴纳物业费以及执行业主大会的决定和业主大会授权业主委员会作出的决定的义务。

四、业主委员会组织召开业主大会决议，表决"对欠费业主起诉""欠费缴滞纳金"等事项，经统计业主投票，上述两项事项均获通过。所以，业主委员会可以起诉徐某。

法条链接

《中华人民共和国民法典》

第二百八十四条　业主可以自行管理建筑物及其附属设施，也可以委托物业服务企业或者其他管理人管理。

对建设单位聘请的物业服务企业或者其他管理人,业主有权依法更换。

第二百八十六条 业主应当遵守法律、法规以及管理规约,相关行为应当符合节约资源、保护生态环境的要求。对于物业服务企业或者其他管理人执行政府依法实施的应急处置措施和其他管理措施,业主应当依法予以配合。

业主大会或者业主委员会,对任意弃置垃圾、排放污染物或者噪声、违反规定饲养动物、违章搭建、侵占通道、拒付物业费等损害他人合法权益的行为,有权依照法律、法规以及管理规约,请求行为人停止侵害、排除妨碍、消除危险、恢复原状、赔偿损失。

业主或者其他行为人拒不履行相关义务的,有关当事人可以向有关行政主管部门报告或者投诉,有关行政主管部门应当依法处理。

《物业管理条例》

第七条 业主在物业管理活动中,履行下列义务:

(一)遵守管理规约、业主大会议事规则;

(二)遵守物业管理区域内物业共用部位和共用设施设备的使用、公共秩序和环境卫生的维护等方面的规章制度;

(三)执行业主大会的决定和业主大会授权业主委员会作出的决定;

(四)按照国家有关规定交纳专项维修资金;

(五)按时交纳物业服务费用;

（六）法律、法规规定的其他义务。

经验分享

一、如本案，特殊情况下，业主委员会可以作为物业费追缴主体，起诉要求欠费业主缴纳物业费。

二、假如物业服务合同是由业主与物业公司签订的，那么，向业主收取物业费的主体应为物业服务企业，而非业主委员会。在物业服务合同纠纷中，业主委员会无权起诉业主，而只能由物业服务公司起诉业主。

八、争议与诉讼

72. 已被罢免的业主委员会还可以作为原告进行起诉吗？

场景

由于北京市某小区业主委员会不作为，部分业主向所在街道办事处申请召开业主大会临时会议，会议议题是罢免3名业主委员会成员。街道办事处发出了《召开临时业主大会事宜指导意见》(以下简称《指导意见》)。后街道办事处组织业主召开了业主大会临时会议。经表决，同意罢免3名业主委员会成员。该小区在业主委员会成立之初，共选出5名业主委员会成员，在此次罢免之前，已经有1名成员任期届满。至此，整个业主委员会就仅剩下1名成员在任。

被罢免的3名业主委员会成员对街道办事处组织的罢免行为不服，遂以业主委员会名义针对街道办事处提起行政诉讼，请求法院判决撤销街道办事处签发的《指导意见》。被告街道办事处认为，临时业主大会会议后，街道办事处曾发布公告，"业主委员会成员资格终止后，小区业主委员会成员空缺已达半数以上，在成员增补之前，业主委员会不得以业主委员会的名义从事组织召开业主大会会议决定增补成员以外的活动。"按照相关规定和本公告，业主委员会大部分成员已被罢免，业主委员会无资格再作为原告提起诉讼。

275

问题

已被罢免的业主委员会还可以作为原告进行起诉吗？

解析

不可以。

一、业主委员会在5名组成成员已有4人缺额的情况下，已不具备行为能力，不能作为原告提起行政诉讼。

二、北京市对缺额一半以上业主委员会的行为能力有明确规定，只能召开以增补业主委员会成员为议题的业主大会会议。

三、3名被罢免的业主委员会成员，其业主委员会成员资格已经终止，再以业主委员会的名义提起诉讼，无法代表业主委员会的真实意思，显然不妥。

四、本次业主委员会提起诉讼未经业主大会决议通过，当然即便通过也无济于事。

法条链接

《北京市住宅区业主大会和业主委员会指导规则》

第五十一条第一款 业主委员会委员空缺达半数以上的，业主委员会应当及时组织召开业主大会会议决定增补委员，在委员增补之前，不得以业主委员会的名义从事组织召开业主大会会议决定增补委员以外的活动。

经验分享

一、业主委员会提起诉讼需符合法定的起诉条件：（一）原告是与本案有直接利害关系的公民、法人和其他组织；（二）有明确的被告；（三）有具体的诉讼请求和事实、理由；（四）属于人民法院受案民事诉讼的范围和受诉人民法院管辖。

二、业主委员会成员空缺一半以上的，应当及时进行补选并办理备案。

73. 备案被撤销后，业主委员会还具有诉讼主体资格吗？

场景

2017年2月24日，北京市某小区4-5号楼业主委员会经属地街道办事处备案。2018年12月17日，街道办事处作出《撤销某小区4-5号楼业主委员会备案的决定》（以下简称《撤销决定》），认定：依据《物业管理条例》第九条及《北京市物业管理办法》[①]第五条的规定，某小区1-5号五栋楼应同属一个物业管理区域。因4-5号楼单独成立业主委员会与上述规定不符，决定撤销2017年2月24日作出的4-5号楼业主委员会备案单。

2018年11月29日下午3时许，街道办事处在小区张贴《公告》，内容为："鉴于，小区4#和5#楼的原服务企业A物业公司涉及违法违规，被有关部门联合执法责令撤出小区，为维护广大业主合法权益、保证小区正常物业管理秩序，经沟通协调确定，现仍由前期物业服务企业B物业公司对小区提供物业服务"。

业主委员会认为，街道办事处未经业主同意，未经业主大会履行法定的选聘物业公司的程序，擅自要求经本小区业主大会授权业

---

① 已于2020年6月8日失效。现参见《北京市物业管理条例》。

主委员会聘请的 A 物业公司立即撤离，并强行指定一年半之前被业主大会撤换的原物业服务企业强行接管小区，其行为已违法，其公告内容应予撤销。业主委员会遂将街道办事处诉至法院，请求法院确认被告责令 A 物业公司撤出本小区的行政行为违法；依法撤销被告于 2018 年 11 月 29 日作出的《公告》。

法院认为，业主委员会备案已被撤销，原告不具备提起本案诉讼的主体资格，裁定驳回其起诉。

问题

备案被撤销后，业主委员会还具有诉讼主体资格吗？

解析

不具有。

一、业主委员会需经过备案程序，才能进行业主委员会印章刻制，对外以业主委员会的名义从事相关工作和活动。业主委员会备案具有行政确认的性质。

二、街道办事处撤销业主委员会备案后，原备案行为已失去法律效力。在备案已被撤销的情形下，业主委员会已不具有原告主体资格，无法代表全体业主提起诉讼。

法条链接

《物业管理条例》

第十六条第一款　业主委员会应当自选举产生之日起30日内，向物业所在地的区、县人民政府房地产行政主管部门和街道办事处、乡镇人民政府备案。

经验分享

一、显然，业主委员会备案不属于行政许可。业主委员会备案的性质到底是什么，并没有统一的说法。但是，如果业主委员会不经备案，是刻不了章的，对外公示效力就不足。在司法实践中，基本也不承认被撤销备案的业主委员会的诉讼主体资格。

二、本案中，街道办事处于2018年12月17日作出《撤销决定》后，业主委员会可以对街道办事处撤销业主委员会备案的行为提起行政诉讼。

八、争议与诉讼

74. 业主委员会缺额超过一半时还能当被告吗?

场景

杭州某住宅小区业主委员会作为甲方,某建设公司作为乙方签订了《工程承包合同(办公室改造)》,约定:乙方以包工、包料、包安全、包装修期施工人员保险的方式承接甲方小区3号楼B1层仓库物业服务中心办公室装修改造工程,完工日期2015年8月31日,保修期限一年,合同金额76470元;施工安装完毕并做完保洁,经甲方验收合格之日起7个工作日内支付95%工程款;5%质量工程款作为质量保证金,工程竣工使用一年后无质量问题,将质量保证金无息付清等。合同加盖了小区第一届业主委员会公章。

合同签订后,乙方依约对小区3号楼B1层仓库进行了装修改造。2015年9月,小区物业服务公司搬入装修好的3号楼B1层办公。后因小区业主反对,物业服务公司搬回会所办公,3号楼B1层办公室空置至今。

另查明:2017年6月11日,小区所在社区发布《关于小区第二届业主委员会终止职责的公告》,称因小区第二届业主委员会五名成员提出辞职,成员缺额已超过百分之五十,根据《杭州市物业

281

管理条例》[①]的规定,即日起小区第二届业主委员会职责终止,并适时启动小区新一届业主委员会的选举工作。

由于相关费用一直未付,某建设公司将业主委员会诉至法院,请求:(1)被告立即向原告支付工程款76470元,支付逾期付款利息人民币4148.82元(利息损失暂从2016年9月1日开始按银行同期同档贷款年利率4.35%计至2017年11月30日,此后利息损失按判决计付至生效判决确定的履行之日止);(2)由被告承担本案诉讼费用。

法院认为,业主委员会主体资格业已不存在,驳回了原告的起诉。

问题

业主委员会缺额超过一半时还能当被告吗?

解析

不可以。

一、业主委员会成员应由单数组成,一般5人以上,业主委员

[①] "……业主委员会因委员辞职等原因缺额且缺额人数不超过正式委员总人数的百分之五十的,可以从候补委员中按照得票数的多少自动递补,并且在本物业管理区域内公告。业主委员会委员缺额人数超过正式委员总人数的百分之五十的,应当重新选举业主委员会……"该规定已被修订。

会通过业主委员会决议或决定的形式行使职责。如果业主委员会成员缺额超过百分之五十,便无法形成有效的决议。也就意味着,业主委员会已不具备行为能力,不存在主体资格了。

二、业主委员会缺额一半以上的,应当及时补选成员,或者重新选举业主委员会成员。

三、按照杭州市的相关规定,业主委员会成员缺额的,可以从候补成员中按得票数依次递补,并向全体业主公示,递补后,业主委员会成员人数仍未达到法定最低人数要求或者未超过业主大会议事规则约定的总人数二分之一的,应当重新选举业主委员会。

法条链接

《业主大会和业主委员会指导规则》

第三十八条 业主委员会会议由主任召集和主持,主任因故不能履行职责,可以委托副主任召集。

业主委员会会议应有过半数的委员出席,作出的决定必须经全体委员半数以上同意。

业主委员会委员不能委托代理人参加会议。

《杭州市物业管理条例》

第二十八条 业主委员会实行差额选举的,未当选业主委员会成员但得票数达到法定票数的候选人,可以当选为业主委员会候补成员,候补成员的任期与业主委员会成员任期相同。业主委员会候补成员可以列席业主委员会会议，但不享有表决权。

业主委员会成员缺额的，可以从业主委员会候补成员中按照得票数依次递补，并向全体业主公示。递补后，业主委员会成员人数仍未达到法定最低人数要求或者未超过业主大会议事规则约定的总人数二分之一的，应当依照本条例规定重新选举。

经验分享

一、业主委员会应当注意并非业主委员会一经选举产生便一直是存在的，当业主委员会成员空缺一半以上的，更甚者出现集体辞职或被罢免的，此时的业主委员会已消亡或名存实亡了。

二、业主委员会一方面应当建立合理的候补委员制度，另一方面在出现缺额情况下及时进行补选。

八、争议与诉讼

75. 没有成立业主委员会,业主可以提起业主共有权纠纷相关诉讼吗?

场景

广州市某小区共 105 户业主,建筑物总面积为 10253.74 平方米,尚未成立业主委员会。唐某等 54 位业主(专有部分面积之和为 4546.75 平方米)称,小区开发商于 2013 年将小区某栋楼所占用建设用地的不可建筑区域及公共道路占用,并施划了 22 个车位,委托另一公司对外进行出租,收取租金;故将小区开发商起诉至法院,请求:(1)判令被告向小区的全体业主交还 22 个地上停车位;(2)判令被告向小区的全体业主交还该栋楼小区内的公共道路和其他共有场所及其附属设施;(3)判令被告向小区的全体业主返还该栋楼小区内的 22 个地上停车位的全部收益及其利息;(4)判令案件受理费由被告承担。

被告答辩称,原告不具备提起本案诉讼的主体资格。原告的专有面积不能达到法定比例业主的同意,不具有代表性。另,被告认为,开发商与业主已经通过合同约定的方式明确了案涉区域的归属。且该楼为单体楼,规划中没有小区配套,业主方无权要求该区域的所有权。总之,被告不同意原告的诉讼请求。

问题

在没有成立业主委员会的情况下，本案 54 户业主可以提起涉及业主共有权纠纷（车位纠纷）诉讼吗？

解析

一、按照《中华人民共和国民法典》的规定，有关共有和共同管理权利的其他重大事项为业主共同决定事项，应当由专有部分面积占比三分之二以上的业主且人数占比三分之二以上的业主参与表决。决定部分事项，应当经参与表决专有部分面积四分之三以上的业主且参与表决人数四分之三以上的业主同意。决定其他事项，应当经参与表决专有部分面积过半数的业主且参与表决人数过半数的业主同意。

二、本案问题焦点在于占用业主共有道路有关车位的权属及收益处理，属于业主共有权纠纷。按规定应当符合经"专有部分面积占比三分之二以上的业主且人数占比三分之二以上的业主参与表决"要求。

三、本案中，小区共 105 户业主，建筑物总面积为 10253.74 平方米，而提起诉讼的唐某等原告，共 54 位业主，专有部分面积之和为 4546.75 平方米，不符合法律规定的"双 2/3"以上的要求。

法条链接

《中华人民共和国民法典》

第二百七十五条　建筑区划内，规划用于停放汽车的车位、车库的归属，由当事人通过出售、附赠或者出租等方式约定。

占用业主共有的道路或者其他场地用于停放汽车的车位，属于业主共有。

第二百七十八条　下列事项由业主共同决定：

（一）制定和修改业主大会议事规则；

（二）制定和修改管理规约；

（三）选举业主委员会或者更换业主委员会成员；

（四）选聘和解聘物业服务企业或者其他管理人；

（五）使用建筑物及其附属设施的维修资金；

（六）筹集建筑物及其附属设施的维修资金；

（七）改建、重建建筑物及其附属设施；

（八）改变共有部分的用途或者利用共有部分从事经营活动；

（九）有关共有和共同管理权利的其他重大事项。

业主共同决定事项，应当由专有部分面积占比三分之二以上的业主且人数占比三分之二以上的业主参与表决。决定前款第六项至第八项规定的事项，应当经参与表决专有部分面积四分之三以上的业主且参与表决人数四分之三以上的业主同意。决定前款其他事项，应当经参与表决专有部分面积过半数的业主且参与表决人数过半数的业主同意。

经验分享

一、业主委员会是代表小区全体业主的重要组织形式,也是当发生业主共有权纠纷时,被认可的诉讼主体。

二、没有成立业主委员会的小区,可以通过"双2/3"以上业主共同提起诉讼的形式主张相关权利。

三、适时成立业主委员会,具有现实必要性。具备成立业主委员会条件的小区,建议及时申请成立业主委员会。

76. 业主委员会可以对居民委员会有关行为提起行政诉讼吗?

场景

山西省运城市某小区业主委员会于 2008 年 3 月由小区业主选举产生，任期为三年，至 2011 年 3 月届满。该任期届满后，因其他原因，其继续行使业主委员会职责至 2014 年 3 月。2014 年 4 月 3 日，运城市某街道的社区居民委员会下发换届通知。业主委员会认为社区居民委员会组织换届行为违法，将居民委员会列为行政被告主体，诉至法院。居民委员会称：(1) 业主委员会不具备本案诉讼主体资格；(2) 居民委员会不是行政机关。法院认为，居民委员会不是行政主体，最终驳回了业主委员会的起诉。

问题

业主委员会可以对居民委员会有关行为提起行政诉讼吗?

解析

本案中，不可以。

一、一般来说，行政诉讼中的被告应是行政机关或者法律、法规、规章授权的组织等行使行政管理职权的主体。也就是说，行政诉讼中的被告只能是行政机关等行政主体。普通的公民、企业法人或非法人组织等不能作为行政诉讼的被告。居民委员会是居民自我管理、自我教育、自我服务的基层群众性自治组织，居民委员会不是行政主体，不是适格的行政诉讼被告主体。因此，不能针对居民委员会提起行政诉讼。

二、按照《最高人民法院关于适用〈中华人民共和国行政诉讼法〉的解释》，居民委员会在如下情形也可以作为行政诉讼的被告：当事人对村民委员会或者居民委员会依据法律、法规、规章的授权履行行政管理职责的行为不服提起诉讼的，以村民委员会或者居民委员会为被告。这种情况之下，居民委员会之所以能够成为行政诉讼的被告，并不是因为它们本身属于行政机关，而是因为它们在一些情况下依据法律、法规、规章的授权，行使了特定的行政管理职权。居民委员会在法律、法规、规章的授权下作出的行为，体现了行政机关的意志。

法条链接

《中华人民共和国行政诉讼法》

第二条 公民、法人或者其他组织认为行政机关和行政机关工作人员的行政行为侵犯其合法权益，有权依照本法向人民法院提起诉讼。

前款所称行政行为，包括法律、法规、规章授权的组织作出的行政行为。

《中华人民共和国宪法》

第一百一十一条第一款　城市和农村按居民居住地区设立的居民委员会或者村民委员会是基层群众性自治组织。居民委员会、村民委员会的主任、副主任和委员由居民选举。居民委员会、村民委员会同基层政权的相互关系由法律规定。

《中华人民共和国城市居民委员会组织法》

第二条　居民委员会是居民自我管理、自我教育、自我服务的基层群众性自治组织。

不设区的市、市辖区的人民政府或者它的派出机关对居民委员会的工作给予指导、支持和帮助。居民委员会协助不设区的市、市辖区的人民政府或者它的派出机关开展工作。

《最高人民法院关于适用〈中华人民共和国行政诉讼法〉的解释》

第二十四条第一款　当事人对村民委员会或者居民委员会依据法律、法规、规章的授权履行行政管理职责的行为不服提起诉讼的，以村民委员会或者居民委员会为被告。

第二十四条第二款　当事人对村民委员会、居民委员会受行政机关委托作出的行为不服提起诉讼的，以委托的行政机关为被告。

经验分享

一、以村民委员会或者居民委员会为行政诉讼被告，仅限于村民委员会或者居民委员会在依据法律、法规、规章的授权履行行政管理职责的行为时，其他情况不可以。

二、假如当事人对村民委员会、居民委员会受行政机关委托作出的行为不服提起诉讼的，应当以委托的行政机关为被告，而不能列村民委员会、居民委员会为被告。以业主大会和业主委员会相关的行政管理职责为例，在当地的地方性法规、规章中均未规定居民委员会的职责，仅规定街道办事处、乡镇人民政府的职责，如果居民委员会接受某街道办事处委托履行了相关职责，这时就应当以该街道办事处为行政诉讼的被告。

三、截至目前，法律、行政法规层面尚未授权村民委员会、居民委员会履行有关业主大会和业主委员会管理方面的行政管理职责。

图书在版编目（CIP）数据

物业管理必备的业主委员会实务操作手册 / 王占强著 . —北京：中国法制出版社，2023.9
（物业管理实务操作经典丛书）
ISBN 978-7-5216-3607-9

Ⅰ.①物… Ⅱ.①王… Ⅲ.①物业管理—中国—手册 Ⅳ.① F299.233.3-62

中国国家版本馆 CIP 数据核字（2023）第 103457 号

责任编辑：马春芳　　　　　　　　　　　　封面设计：周黎明

物业管理必备的业主委员会实务操作手册
WUYE GUANLI BIBEI DE YEZHU WEIYUANHUI SHIWU CAOZUO SHOUCE

著者 / 王占强
经销 / 新华书店
印刷 / 三河市紫恒印装有限公司
开本 / 880 毫米 ×1230 毫米 32 开　　　　　印张 / 9.5　字数 / 194 千
版次 / 2023 年 9 月第 1 版　　　　　　　　2023 年 9 月第 1 次印刷

中国法制出版社出版
书号 ISBN 978-7-5216-3607-9　　　　　　　　　　　定价：49.80 元

北京市西城区西便门西里甲 16 号西便门办公区
邮政编码：100053　　　　　　　　　　　　传真：010-63141600
网址：http://www.zgfzs.com　　　　　　　　编辑部电话：010-63141822
市场营销部电话：010-63141612　　　　　　印务部电话：010-63141606
（如有印装质量问题，请与本社印务部联系。）